民盟智库

人文史观

潘光旦 著

Humanistic Interpretation of History

群言出版社
Qunyan Press
·北京·

图书在版编目（CIP）数据

人文史观 / 潘光旦著 .— 北京：群言出版社，
2013.12
（民盟智库）
ISBN 978-7-80256-524-1

Ⅰ. ①人… Ⅱ. ①潘… Ⅲ. ①社会人类学－文集
Ⅳ. ① C912.4-53

中国版本图书馆 CIP 数据核字（2013）第 295639 号

责任编辑　陶盈竹
封面设计　群言艺术设计中心·齐立娟

出版发行　群言出版社（Qunyan Press）
地　　址　北京市东城区东厂胡同北巷 1 号（100006）
网　　站　www. qypublish.com
电子信箱　qunyancbs@126.com
总 编 办　010-65265404　65138815
发 行 部　010-65263345　65220236
经　　销　全国新华书店
读者服务　010-65262436　65276609
法律顾问　北京市君泰律师事务所

印　　刷　北京画中画印刷有限公司
版　　次　2014 年 5 月第 1 版　2014 年 5 月第 1 次印刷
开　　本　880 × 1230　　1/32
印　　张　6.75
字　　数　132 千字
书　　号　ISBN 978-7-80256-524-1
定　　价　35.00 元

潘光旦

（1899—1967）

著名社会学家、优生学家、民族学家和教育学家

1941 年加入中国民主同盟

历任民盟第一、二届中央常委，第三届中央委员

出版说明

1941年3月，中国正处在一寸山河一寸血的艰难时刻。在这风雨飘摇之中，一批情系民族存亡、心怀救国之志的知识分子与爱国精英，发起成立了以贯彻抗日主张、实践民主精神、尊重思想自由、提倡依法治国为政治纲领的中国民主政团同盟（1944年9月更名为中国民主同盟）。

黄炎培、张澜、沈钧儒、杨明轩、闻一多、李公朴、梁漱溟、史良、胡愈之、楚图南、吴晗、费孝通……一代又一代的民盟志士尽心竭力，奔走国是，用自己的赤子之情和卓越智识，追索民族复兴之路。

民盟学人在追索途中为我们留下了经济、

军事、外交、教育、社会、文化等领域里丰富而珍贵的“思想智库”。整理、出版“民盟智库”系列丛书，旨在传承先人们为国家富强努力之精神、光芒之思想；激励当代知识分子忧国之忧、思国之思、行国之行。

《民盟智库》编委会

题 记

本书于1937年5月由商务印书馆出版，作者自编为《人文生物学论丛》第二辑。已收入《潘光旦文集》第2卷。原注以1、2等序号表示，编者注系潘乃穆、潘乃和所加，以星号*表示。

目录

弁言

一九二八至一九三一年间，作者不揣固陋，于优生及与优生相涉之事物，续有论列。兹因第一辑再版之便，就较长在六千言以上之各稿汇为第二辑，名之曰《人文史观》，同时将第一辑易名为《优生概论》，俱所以示议论之重心所寄，非谓全书将专论优生或人文史观也。至一九三二年至一九三六年之一部分稿件，则汇为第三辑，曰《民族特性与民族卫生》。三辑现皆归商务印书馆出版。

第二辑存稿凡十一篇。《文化的生物学观》、《人文史观与“人治”“法治”的调和论》、《奇尼教授之民族自然兴替观》三篇与总题关系最切。《平等驳议》重申“物不齐”之常识，允为人文史观一部分之基础，故亦列入前数篇中。余各篇中，直接论优生者三，论家庭、婚姻、与妇女问题者二，论中华民族隆替之情势与因缘者亦二。《说“才丁两旺”》一篇，以一极寻常之民间信仰为出发点，而推论人口问题之两大方面，至今七八年，犹谬蒙友朋过当之奖饰，思之汗愧。《人文选择与中华民族》一篇则曾在平社中宣读。各篇自成单位，初不相谋，今为酌定次序，使部段稍有联络，首尾亦相呼应，读者当可不病其错落零乱焉。

各篇原稿尝散见《东方杂志》、《人文》、《新月》、《社会学刊》、《优生》诸定期刊物；今皆略有增删；使慊于心者差减而已，非谓从此即成定本也。《平等驳议》初见于《苦荼》，《民族元气篇》初见于《时代评论》，二者俱为寿命极促之刊物；《新月》寻亦停版，共笔砚诸友亦皆星散。附录一种为一征求案之底稿；排校初成，而东北之事变起，卒未能一用，以实我东省民品优越之说；今则山河有异，风景亦殊，皮之不存，毛将安附，此种研究机缘，尤邈乎不可复得矣！

一九三六年，八月，潘光旦

一

文化的生物学观

（一九三〇）

从我们人类的眼光看来，文化是演化过程中最后的一步。要是这过程是自上而下的——因为人类有价值的观念，总喜欢有高低上下的比较——文化就要算最登峰造极的一步或一级了。如图一。

社会学家和文化学家的确把演化的过程看作一条梯子，或是一座塔，或金字塔，可以历级而升，走到文化现象的时候，我们就到了塔尖了。

这座塔一起有五层，下面的级层产生上面的级层，产生的那个手续就叫做演化。越下的级层越基本，地盘越大；越上的级层，依靠以为根据的级层越多，在现象界里所占的部分却越小。这种种是略知社会科学的人的常识，无须多说。

什么叫做“文化的生物学观”？就是站在生物学的立脚点来观察文化，观察的结果，自然不能不继以解释。所以普通所谓这个观那个观的“观”字，原来兼具“观察”与“解释”两

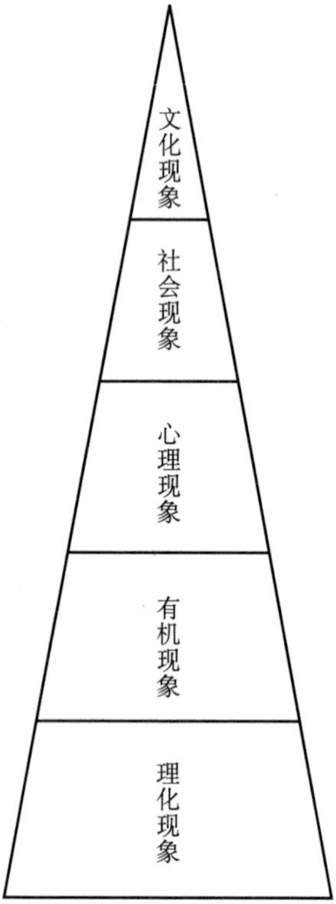

图一

重意义，而解释似乎更加重要。

什么是解释？哲学与玄学的解释是一种。科学的解释又是一种。科学家的解释说起来很单纯。原来他只会把甲批的现象来做乙批的现象的注脚；注清楚了就算解释清楚了。所谓甲批乙批又逃不出刚才所说那个金字塔的范围，所谓“批”又往往就是塔上的级层。最普通的自然是拿下一级层或数级层的现象来解释在它们上面的一级，例如以理化现象解释有机现象，或以二者共同来解释心理现象。反是，在上级层里的现象也未始不可以拿来解释在下级层里的现象，因为演化的过程既经走遍了这几个级层，而各级层又同时存在，它们中间包括的现象自然不免来复的相互的发生影响。例如文化现象也可以引来解释心理现象，心理现象也可以引来解释有机现象。此外同级的现象也有其前因后果的关系，所以彼此也可以引作解释之用。例如理化现象就不能不在同级的现象中自寻解释，因为我们假定它们的级层是最基础的级层了。最近几年来在别的级层里也有“自谋解释”的运动，例如行为主义派的对于心理现象与文化学派的对于文化现象。他们认为这种“自谋”的“不求人”的解释是最科学的。这种见解和毅力我们不能不佩服。但是我们要记得宇宙间的现象原是错综的绵续的，级层原是人类为便于了解起见的一种看法，并不是现象界真有什么划分的领域。要比较圆满的解释一种现象，要比较完全指出它的因缘来，势不能不多方的顾到，不宜局守一隅。

文化现象演化出得最迟，所以它所凭借的因子也最多最复杂，比较最接近的是社会因子，次为心理的，再次为有机的或生物的，最疏远的是理化的因子了。这种种因子都可以引来解释文化；再加上文化现象自身的解释；这种综合的解释才算比较圆满。完全按照上文金字塔的说法，“文化的……观”至少可以有五种。但目下学问界所流行的实在可以归纳为三种，一是文化的地理观或自然环境观，二是文化的生物学观，三是文化的文化学观。余如别的“文化的……观”，例如思想观、种族观、唯物史观等等大都可以归纳在这三个里的一个或一个以上。能够把这三大观法三大解释法统统顾到，结果也就不能不算圆满了。

用生物的现象或原则来解释文化，原是片面而不圆满的，然则这一篇讨论又何以单单的讲“生物学的解释”呢？这里有三层不得已的理由。一是现象无涯涘，因果关系无穷期，一人尽一手一足之烈，决难面面俱到，我们不能不分别的观察或解释。一个人求学问，在今日的情势之下，不能上知天文，下识地理，中通人事；学问越发达，分工越细到，其实也不过这个原因，就是，能力有限。只要我们求学问的时候，作观察与解释的时候，不把自己的一种学问当作唯一的学问，自己的观察法与解释法当作唯一的观察法与解释法，也不把别种学问、别派解释与观察忘记了、抹杀了、或小看了，我们便算尽了人事。

第二个理由是：生物现象比较基本而也是比较可以用人力来左右的。用社会现象与心理现象来解释文化，固然很方便，因为它们与文化现象最接近，要利用它们的势力来左右文化，也很容易，也是因为彼此接近的关系。但是这种解释，这种人力的支配比较要缺少基本性与固定性。例如改变社会组织，提倡教育，自然可以教文化有一度的兴奋，但是要是聪明才智的程度有限，这种兴奋是不会持久的。反过来，理化的现象自然是最基本了，但是它们比较的最不受人力的左右，寒带的奇冷、热带的酷热、日本的地震、中国西北方的沙漠化，是绝对没有多大办法的，人类生活只有迁就它们，很难教它们来迁就人类。在一切现象之中，能够比较受人力的转移的，同时也具有充分的基本性的，是生物学的现象。也许有一天，人类的知识发达到一种程度，可以教后天获得性遗传，也可以用理化的方法自由的唤出精质的突变，到那时候，不但社会现象、心理现象、和文化现象自己，要取得多量的基本性，就是理化现象也要比较的变为可以用人力来左右的了。到那时候，我们便可不必在“生物学观”上多发议论了。

第三个理由是：文化的种种解释中，生物学的解释比较最不受人注意，尤其是在科学幼稚的中国。即就近数百年来中国的国势问题而论：中国的积弱，自然是一种文化的现象，但是国人多方的解释，总是逃不了政治不良、外交失败、生计穷困、教育不普及、帝国主义压迫，几个方面——没有一个不是文化级层以内的。偶有以中国地势、气候、交通不便等等比较地理的现象来解释的，但已属少数。至于根据了生物现象与原则出来说话的，几乎没有。以前翻译赫胥黎《天演论》的严几道先生在他给朋友的书信中偶然提到一二，后来却也没有嗣响的人。但是即使自因推果而言，一国的积弱，一国文化的衰落，决不是一二原因或一二种原因所可圆满的解释；我们又怎样知道没有很严重的生物原因在后面活动呢？关于这一层，这一篇讨论里谈不到；读者如有好耐性，请就拙作《人类学家对于中国问题的观察》（《中国评论周报》一卷三期）*，和下文中

* 见“An Anthropological View on China's Troubles”, *The China Critic*, Vol. Ⅰ, No.3, June 14, 1928. ——编者注

的《说“才丁两旺”》，《人文选择与中华民族》，以及本书的其它两辑*，加以参考。

生物学家观察文化与解释文化，有一个假定，就是：文化盛衰由于民品良窳，而民品良窳由于生物的原因。这个假定还可以逼进一步说，就是：文化盛衰由于人才消长，而人才消长由于生物原因。这两种说法原是差不多的，大凡人口一般的品质好，特殊的人才就容易产生，否则便不容易产生。所谓生物的原因有三：一是变异，二是遗传，三是选择或淘汰。选择有两种，因了自然势力而发生的叫做自然选择，因了社会与文化势力而发生的叫做文化选择。选择所由发生的途径有三：一是生产，二是婚姻，三是死亡。如限于某一地方或时代说话，我们还可以加上一个第四个途径，就是人口的流动或移殖。

变异现象是生物现象里最基本的，大率一种生物在演化过程里的地位越高，变异的品性就越多，每一种品性的变异性也越大，造成生物学所称的“多形现象”(polymorphism)。多形现象的发达，到了人类而登峰造极。许多带有社会性的昆虫，例如蜜蜂，也是很“多形”的。但是蜜蜂只有蜂后、雄蜂、工蜂三种，并且三种中间，有两种的地位——蜂后与工蜂——是彼此可以交换的。人类便远不止三种，诗人、画家、医生、政客、牧师、建筑师、各种的科学家……说之不尽，试问他们任何两种的地位能不能随便对换。人类的多形现象，不比别的动

* 指《人文生物学论丛》第一辑《优生概论》和第三辑《民族特性与民族卫生》，分别见《潘光旦文集》第一卷和第三卷。——编者注

物，一半自然是文化环境的势力所造成的，这谁都不能否认，但是生物学家也相信诗人、画家、科学家等等，无论你怎样利用教育功夫和训练功夫，决不是人人可以做到的；一定要一个人的变异的倾向中间，有可以做诗人、画家、或科学家的基础因子，再加上文化环境启发的效能，这个人方才可以成为诗人、画家、或科学家。这种基础的因子当然不容易证明，但是这种因子的不容易证明和物理、化学领域内电子和原子的不容易证明差不多。

一个民族的变异品性（variations）和每一品性的变异性(variability)，往往因为历史的背景和地理的环境关系，和别的民族不同。品性有多少，而每一品性的变异性有大小，品性多，各种人才也多，而文化的表现也就多变化，不拘拘于一二方面。例如中国二千余年来的文化和二千余年前的文化，在这一点上就很不同，春秋战国时代的文化是多么的陆离光怪？秦汉以来的文化是多么的一成不变？难道这种相反的局面完全没有生物的背景么？我相信不会没有。

品性多固然可贵，尤贵乎每种品性的变异性大；因为除了人才的种类加多以外，每种人才的才力要加强，而文化每一方面的造诣要更加未可限量。一种品性在一个人口或民族里的变异可以用一条曲线表示出来，如图二，大率中等的人最多，越趋中下中上两个极端人数便越少。这种曲线的曲法，自然又要看一种品性在一个民族中分布的特殊情形。要是中庸的少，而趋极端的多，则曲线的中段要扁平，而两端所被的地面要广大，否则反是。假设有两个民族于此，讲起他们智力——就是聪明的程度——的分布来，一个是中庸的少，极端的多，一个恰好相反，如图三。算起平均来，这两个民族也许没有分别，但是双方在文化的造诣上也许有惊人的差异！为什么？生物学者的答复是：文化原是人才所产生的，人才在统计的分布上占的总是中上的地位，中庸的人和中下的人是没有多大贡献的。如今乙民族的中上的人就要比甲民族的为多，文化的成就自然更要可观了。不但如此，中上的那个极端伸出得愈远，杰出的人才便愈多，而文化的发扬光大越是了不起。这种极端的人才自然不会多，但是一个民族只要能产生指头上数得清的几个，他的文化也就可以压倒其它民族了。近代的西洋文化其实就靠几个这种极端的台柱子，例如里奥那陀、筏克拿、莎士比亚、奈端、达尔文、赫胥黎、爱因斯坦。生物学者不相信这种人可以完全用文化的力量栽培出来。

据一部分生物学者的观察，图三所示的两条曲线也可以代表男女两性的分别，就是，男性的变异性大，女性的小。这个看法要是可以成立，就可以局部解释为什么女子对于文化直接的贡献向来没有男子的一般大。

到此也许有人要说：图三所示的变异性的大小也许是完全由于环境激发出来的。这话不错，但是未尽然。生物界的变异固然有两种，一是遗传的，一是环境激发的。图三里的两条曲线所代表的生物倘若是一种纯系动物的两派，那末，变异性大小的不同，的确是完全环境所唤起的了。但是不论任何民族是

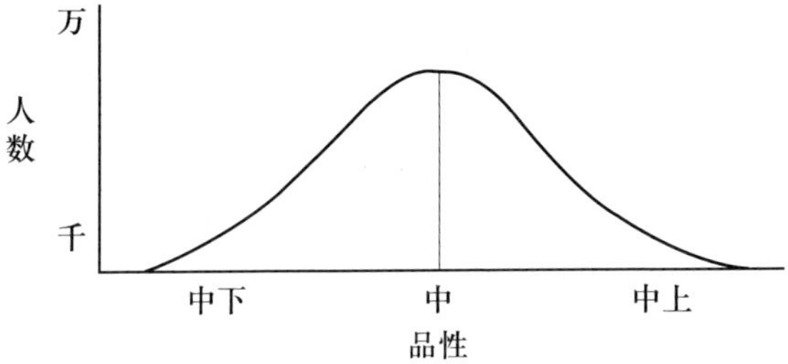

图二

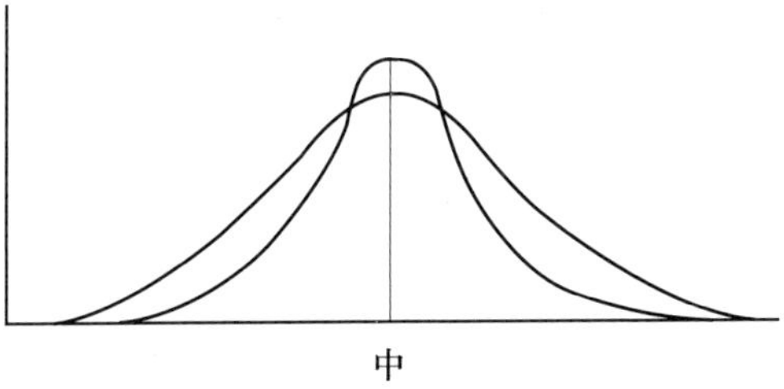

图三

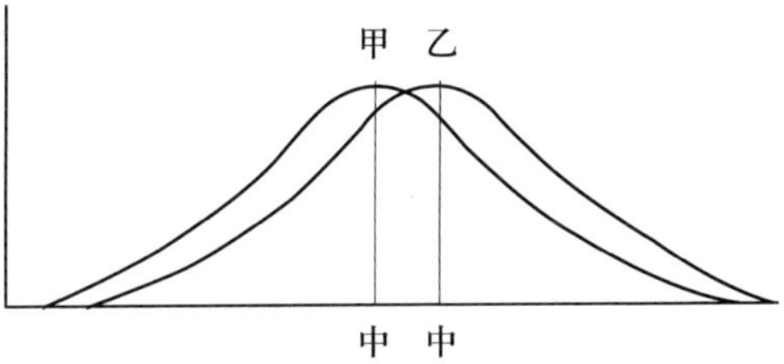

图四

不知多少纯系所错综结合而成的一个“庶众”或“人口”；两个“庶众”间的变异性的大小却不能完全用环境势力来解释。

图三里两条曲线的中庸点是共同的：这也许是引起上面有人误会的一个原因，因为一个纯系的两派，不论生长在怎样不同的环境里，他们的中庸点总是一致的。但是就民族间的差别

说来，图三所示实在是很理想的；至于实际的情形，并且可以说是很普遍的情形，则如图四所示。上面关于图三的种种推论自然也可以用到图四上，并且要更加有力，因为这个图里所示变异性的大小比较不容易拿环境势力来解释开。

上面关于两个民族比较的话，不论依据第三图或第四图，也可以适用到一个民族的前后两个时代上，根据第四图的说法也自然比较要实在。我相信若是可以把春秋时代中国人智力的分布和秦汉以后的比较起来，也可以得到像第四图中所示的两条曲线。

关于遗传这一点，我们不预备多说。遗传的几条原则，什么韦思曼的精质绵续与精质比较独立说、孟特尔的三律、跟了韦氏的理论而发生的新达尔文主义或后天习得性不遗传说、杜勿黎的突变说、约杭生与摩尔更的“基因”遗传说——是大多数生物学家已认为有效，而且在生物学教本中已经数见不鲜的。人类既然是生物之一，他当然逃不了这许多原则的支配。比较不适用的也许是杜勿黎氏的突变一说，因为突变的发生似乎与一个种族的寿命有关，一个种族在青年精壮气旺的时候突变多，过此就少。人类也许已经过了这血气方刚的时期，不会产生许多突变了。但是对于这一点我们不敢断定。有人说，伟大的天才是一种突变，但安知他不是变异性趋极端的一个表示呢？但无论突变或变异性趋极端，要都不能无遗传的根据，也都有继续往下遗传的可能。不论天才或普通一些的人才，都不能没有遗传的张本，这是全部生物学家所公认的，至于心理学家与社会学家，大多数也承认这一点。

看了刚才说的几句话，可知生物学者讲起人类的遗传，不但顾到形态与生理方面，连智力、性情、脾气也都牵入范围。这是他们直认不讳、居之不疑的。他们的理由是：形态与结构是“体”，生理、智力、性情是“体”之“用”，“体”的变异既可以遗传，“用”的变异自然同样的可以遗传，所不同的，体既在前，用既在后，前者的遗传比较直接，不容易受环境势力的转移，后者比较间接，比较似乎容易被环境所左右罢了。

近五六十年来西洋文化里有种种活动，就拿这一点“体用”共同遗传的假定做根据，而寻到它们所以存在的理由（raison d'etre）。例如：

英美两国的优生运动；

德、奥、捷、瑞典、挪威、瑞士的种族卫生运动；

才能心理学派与智力测验运动；

天才及各种特殊才能的研究；

德美英诸国的天才儿童教育；

低能教育；

生育限制运动的一部分；

移民与移民禁止运动的一部分（美国、澳洲、新西兰）；

工业管理用人新法；

医学界对于体气之重新注意；

一部分的弭兵运动；

罪犯的待遇（局部）；

新史学运动中的“史量学派”；

德谟克拉西与社会主义的新评价。

拉杂说来，已经是十多种有组织的文化活动了。不说别的，就是优生与种族卫生两种其实类似的活动已经在最近三十年的西洋文化界与学术界里起了轩然大波，现在还在不住的动荡震撼(参看拙作《优生概论》中《二十年来世界之优生运动》章*)。关于这一类活动的事实，因为介绍得不多，国人还没有十分注意到，所以不感觉到它们影响的远大。但是在西方思想界里，即素以怀疑派著称的人，最近也改变了他们的态度。例如美人孟根，向来是攻击智力测验最有力的一人，现在却接受了它的结论了，并且自己还认了错。罗素在《人类往那里走》那本讨论集里讨论到科学的前途，结论中竟把优生认为最主要的保障和出路。西方文化的时代精神，德人所时常称道的 Zeitgeist 要是真有的话，于此也可以窥见一斑了。

现在说选择。上一代种种品性的支配情形，到了下一代发生了变动，有的加多了，有的减少了；上一代某种品性的变异性，到了下一代也发生了变动，或是加大，或是缩小：这便是选择作用的结果，就叫做选择。品性附丽在人身上，所选择的也就是人，不过根据了品性的说法似乎细密一些。可以发生选择作用的势力有两派，而两派势力所由凭借的支点，好比象棋里“炮”的“炮架子”，有三个或四个，上面都已提过，现在

* 见《潘光旦文集》第一卷。——编者注

要说得略微仔细些。

生物学家既认为后天获得性不能遗传，那末人类的遗传还有别的发生变动的机会么？有。一是突变，突变是遗传的，他所表现在外的便是一个新品性的产生或旧品性的失落。这一层在人类比较不易捉摸，我们不去多说。二就是选择，也是影响到遗传的本质的，但是他所引起的变动不是品性的质地上的掉换，而是各个品性在人口中数量上前后不同的支配。例如智力是一个品性，上一代因为选择得当，聪明的人多，并且聪明的程度也高，下一代因为选择得不得当，结果也许相反；上下两代之间，接得很近，也许不会有这种相反的选择局面发生，但是这种相反的局面，在任何民族的历史里很容易指摘出来。选择的局面一有变动，文化的局面也就跟着变动：这又是生物学者观察文化的一个基本假定。

自然界的势力，可以使有某种品性的人死亡得迟，结婚得早，生产得多；也可以教缺乏这种品性的人恰恰有相反的行为，这就是自然选择。凡是懂得演化论的人，这一点是无须解释的。自然选择的结果，若用人类带有价值意识的眼光看来，未必都是好的。例如中国民族自私心自利心的畸形发展，据美国耶鲁大学亨丁顿教授的观察，便是二千年来历届荒年所选择出来的（参看拙译《自然淘汰与中华民族性》，现入本书第三辑*）。以前严几道先生曾经说过，中国人有许多恶劣根性，须

* 指《人文生物学论丛》第三辑《民族特性与民族卫生》，见《潘光旦文集》第三卷。——编者注

经自然淘汰的势力，层层挞伐，然后可以澄清。现在读了亨氏的议论，可见严先生的眼光也不尽然了。

文化选择的原理的发见，比自然选择的要迟二三十年，就在今日西洋的思想界里可以说还没有长下根。其实是很简单很容易承认的。自然而外，人类也未尝不受社会与文化的种种势力的支配，使死亡率、婚姻率、与生产率发生轩轾的局面。所谓轩轾的局面，就指社会人口中各部分的死亡、婚姻、生产，并不是一般多少，或一般快慢，乃指因为各部分的品性的分布有差别，生死婚嫁的频数也就有差别。简言之，轩轾的局面便是经过选择后的局面。可以产生选择作用的文化势力，有的是人类自己觉察的，有的是不觉察的，但是在近代以前，可以说都是不受理性的控制的。不受理性所控制的文化选择与比较无法控制的自然选择一般，结果是未必好的。例如欧洲中古时代的基督教，实在产生了不少不好的选择影响，或称反选择的影响。它一面禁止宗教领袖和僧侣的婚嫁，一面又压迫和杀戮它所认为异端的人，又一方面它又无限制的鼓励慈善事业，教顽劣游惰的人可以生存传种，论者说这种势力合起来，便是中古时代所以局部成为黑暗时代的一大原因，并且在今日的西班牙、葡萄牙等国，还可以见到他们末流的影响。关于天主教提倡独身主义一端，我在下文最后一篇里说过几句话，如今引在下面，以见文化选择力所及的远且深：

旧教把凡是性情温良、比较能彀损己利人的分子，一批一批的吸收去当神父、尼姑、和尚；他们是照规矩不能结婚的，所以日子一多，教会越发达，社会上温良恭让的分子越少；到得今日，只落了一句优生学家不胜感慨系之的话：The Church has brutalized the breed of our forefathers（教会把我们祖宗的血统兽化了）。我们总觉得奇怪，欧洲人自己也觉得奇怪，为什么基督垂教二千年，人们的社会行为，不但不见进步，反见退步，历届的战争、帝国侵略主义的膨胀、劳资和其他阶级间的攘夺嫉妒，无非是损人利己违反教义的行为；我们又安知这不是基督教自身的选择作用所帮同酿成的呢？

可以产生选择作用的文化势力正多着咧。战争的选择作用是可以不言而喻的，大致古代的是比较好的，近代的却很坏。以前中国的重农、今日美国的重商、近代的都市运动、妇女运动、高等教育运动、甚而至于医学卫生运动，因为缺少理性的控制，因为没有充分参考生物演进的原则，从选择的眼光看来，对于文化的前途，多少都有几分不利。

死亡、婚姻、生产三端之所以为选择的途径或支点，一望而知，无须多说。但何以移殖也是一个途径或支点呢？移殖的选择效用，有直接间接两种。大批人口移动的当儿，总有一部分不耐风霜跋涉、因而死亡的；这种选择作用是间接的，因为直接还是死亡的功劳。游牧民族的易于强大而一发不可制，甚而至于能够征服文化远比它自己高的民族，例如辽、金、蒙古、满洲等的入主中国，便是受了这种选择作用之赐。但是讲起有直接的选择作用的移殖，我们心目中先得存着两个不同的区域，一个是吃选择作用的亏的，一个是托了选择作用的福的。若把全世界或全国总看，那就无所谓选择了，因为失之于彼的，即得之于此。

自然势力和文化势力都可以引起有直接的选择作用的移殖。中国北部及西北部常有水旱之灾，不断的把比较能进取、敢冒险的分子驱逐到别省去，以前向南，近年来大都向东北，到东三省。这种移殖便是自然势力所唤起的。甲地频年战争，把能够安居乐业的良民都驱逐到乙地或丙地去，五代十国时候的吴越便是当时避兵的乐国。十七世纪初年英法各国的宗教倾轧把许多富于毅力而能特立独行的教徒迫出国外，来到新大陆的加拿大、新英伦。这种种移殖行为，便是文化势力所激发出来的。

把可以命定文化的生物因子说完之后，我们接着要讲几个实例。我们要看历史上几个已经衰落或灭亡的和现代正如春花怒放着的几个文化，能不能根据生物原则加以具体的概括的解释。我预备举出希腊、罗马、犹太、美国、日本五个例子。

一、希腊　希腊文物的繁荣，是谁都承认为了不得的。自公元前五三〇到四三〇，一百年间，大约六万七千多成年的自由人里，竟产生十四名第一流的天才，平均不到五千人里有一个，这实在是人类文化史里空前绝后的成绩。但是过了这一百年，希腊文化便突然降落，不久就完全消灭，正应着中国史家“兴也骤亡也速”的六个字。为什么？原来希腊半岛当地中海要冲，当时为各方移民麇集的区域；当时的政治与社会组织，既严自由人与奴隶之分，当时都市国家的人口政策又往往主张严格的限制，不肯轻易接受外邦人，所以移民的得为自由人的大都是严格选择的结果。当时自由人的婚姻生殖，又多少要受国家法令的制裁，很有一些近代优生行政的意味。但到了后来，法令废弛，移民加入日滥，迟婚与独身之风盛行，自由人与奴隶亦可随意通婚，有能力的女子往往以娼门为最高尚的职业，因而不事生育。总之，希腊文化之兴，便兴于有选择的移殖、婚姻、与生产，希腊文化之亡，便亡于反选择的移殖、婚姻、与生产。（参阅戈尔登氏《遗传的天才》，页三四〇—三四三）

二、罗马　自颉朋作《罗马的衰亡》以至今日，替罗马文化的衰落寻解释的人很多，寻出的解释也不少。德人塞克（Otto Seeck）作《古代世界的衰落》，胪列的解释有十个之多，中间倒有好几个是生物学的，或有生物的含义的。第一便是“优秀分子的淘汰”，第二是“频年的征伐”，第三是“人口的减少”，第四是“移民的杂沓”。第五到第十个解释便不是生物学的，而是文化的，但它们中间有的可以看作文化选择的结果，有的本身便是有选择效用的文化势力。最近英国人文主义派的哲学家歇雷，又就这许多解释，加以仔细的分析，大致很赞同塞克的说法，并且加以发挥，但是他并不承认“人口的减少”是一个适当的解释。（参看歇雷《优生与政治》，页一六九—

一九六）

三、犹太 犹太文化是最奇特不过的。犹太教的文化，远在古代，不去说他，且说近数百年来犹太人对于文化的贡献。自从公元后七〇年到今日，犹太人散处各国，不成国家，但是民族存在，文化也存在，不但存在，并且极有光荣。近数百年来犹太人里出了不少的第一流的人才；在思想界与金融界，都能够取得盟主的地位，自斯宾诺莎以至爱因斯坦及马克斯*，无非是思想界的代表人物。世界第一等的富人里以犹太人为多，是谁都晓得的。上海外国寓公里最富的便是几个犹太人。这都因为什么？我们又不能不谈到选择的作用了。犹太人在欧洲是到处受压迫与侮辱的；基督教徒不许他们住乡间买地，种田，他们便只好住在城里，挤在一个狭小的特殊区域以内，干基督教徒当初所不屑干的勾当——商业，尤其是银钱兑换——于是年去年来，层层剥削淘汰，终于产出一派，我们不妨说，“持筹握算锱铢必较”的天才来。同时他们因为身体不能像基督徒一般自由走动，又因为受到了欺侮不能自由发泄，逐渐养成一种极严厉的批评态度，和富有革命性的思想习惯；其不能抱这种态度和思想力薄弱的，在当日颠连困苦的情形之下，也就无法维持，终归淘汰。这种淘汰后的局面至今还保留着，正合着《旧约》里一句话：凡是上帝喜欢的人，上帝要教他受灾受难。

四、美国 美国文化的勃兴，实得力于最初到新英伦的几

---

* 即马克思。——编者注

批移民；即在今日，在文化各方面做领袖的大部分还是他们的子孙，并且，彼此之间，往往可以寻出血缘的关系来。这些移民，当时的生殖力又很大；人口激增的结果，逐渐把中部西部也都开拓了。那种情形和今日中国吉黑两省的情形大同小异。从事于开拓的人大都是勤俭耐劳、不避艰险、富有朝气的人。但是最近几十年来，美国人口的情形很起了些变化，早批移民的子孙，比较有能力的，大都成婚迟而艰于生育，所以数目不见增加，而后来的移民，不但品质杂沓，并且结婚早而生产多。所以凡有生物眼光的人都觉得美国文化目下的繁荣，决不能长久保持；他们说：美国人生物的资本确是很大，但近年来的费用，已经靠本钱，不靠利息，因为没有利息。这恐怕不是耸动听闻的议论，实在是慨乎言之。

五、日本　说到我们的近邻，也是很有趣的。近六七十年内日本的勃兴，在人类文化史上是不能不大书特书的。一个文化能够改头换面得这样快，这样精到，在文化史里恐怕也是绝无仅有的事。对于这一点，近人提出的解释很多，但是几乎没有一个是生物学的。但是我以为日本的勃兴有很明白的生物学的根据。从自然选择方面看来，日本是一个岛国，天惠又并不富厚，所以顽劣分子被淘汰的程度比较我们大陆的“地大物博”的中国要深。从文化选择方面看来，日本到今日还沾受封建制度的余泽。真正的封建制度，不管他在别的方面的种种功罪——其实我们研究史实原不应讲功罪的——实在有保障人才的力量，日本的藩臣武士，在封建制度之下，也许只知讲武仗义，比较的吃粮不管事，但是后来在维新的当儿，各方面的领袖，就从他们中间产生出来，到今日长、萨诸藩的子孙犹足以左右国势。从封建文化变为工业文化易，因为双方都靠严密的组织，都仰仗强有力的领袖；从以家族为中心的农村文化进入工业文化难，因为以家族为中心的农村文化是最散漫最不依靠强有力的领袖的一种文化。这是近代日本所以不落伍而中国所以至今还落伍的一大原因。很多人口口声声骂封建势力，我看中国所吃亏的，就是缺少真正的封建势力，这种势力在二千年前就消灭了呀。（关于此节，参看拙著《日本德意志民族性之比较的研究》*）

对于中国文化的盛衰消长，也未尝不可以用生物的原则来帮同解释。中国的历史很悠久，各方面的因子异常繁复，要从生物学方面来妥为解释，自非熟研历代掌故的人不办。我在下文末章里曾略加探讨，所得的结果还很有限，不过我相信越探讨得进一步，便会越感觉到生物因子的不可轻视。

（此篇原稿见《东方杂志》第二十八卷第一期）

* 见《潘光旦文集》第一卷。——编者注

二

人文史观与“人治”“法治”的调和论

（一九三一）

史观的变迁或方面虽多，可以有一种归并的看法，就是不外唯神、唯人、唯物三个范围。各派宗教的史观，自然是唯神的。中国以前墨子派的哲学，因为动称天志，也有不少唯神史观的意味。儒家议论很一致，显而易见是唯人的。唯物一派，古时并不发达，道家的史观很杂，无为论当然与唯人论不相容；法天法道法自然的说数则兼具唯神唯物的色彩。这三端以外，再不妨添一个唯文史观，以前中国法家的史观属之。此外又有所谓适然史观或机遇史观等史观。

到了近代，唯神史观的地位自然日就减削。但是唯人、唯物、唯文的三派都维持着，并且都有新的进展。彼此责难攻讦的文字，时常可以见到。大率生物学者与种族学者是唯人的，地理学者与经济学者是唯物的，文化学者与哲学家是唯文的。一个完全圆满的史观自然是这种种派别之和。但是因为学科的门类既多，内容又日趋复杂，一人精力有限，只能专注到一二种的学问，结果，方面越多，顾此失彼的机会越大，于是党同伐异的态度与偏激固执的议论就不能免了。晚近讲种族史观和经济史观的人犯偏狭武断的弊病最深。

人与文原是不可须臾离的，有了人，接着就有文，然则何以唯人史观与唯文史观又要截然分为二说呢？这里有一层道理。通常我们说，“有人斯有文”，唯文论者说，不错，但是文教一经开端之后，便无须乎特出的人才，他自己就会生生不已，继长增高，变做“有文斯有文了”。不但如是，文教对人，有模铸熏陶的大力量，究其极，我们可以得到“有文斯有人”的结果。唯文论者大约可以分做两三个小派别：侧重制度法则的可以称为唯法派；极言思想观念的重要的可以称为唯识派；总论文化的各方面的才是唯文论的正式代表。但他们都承认文化势力处的是主动的地位，而人处的只是比较被动的地位。

作者是一个人文论者。人文论者在在以人为前提，以人为重心。他相信“有人斯有文”，以为不但在生人之初，文化的发轫，要靠少数人的聪明智慧，到了后来，文化的能继续维持，或代有累积，继长增高，也得靠少数人的聪明智慧，这少数人也许在鱼盐版筑陇亩之间，但其为聪明智慧的人则一。这样一说，一个人文论者不止是一个唯人论者或人本论者了，并且是一个好人论者了。人文论者虽未尝不主张好人须得好的文化来维持、将养，但是他始终以人为出发点，以人为归宿。

人文论者有到这种见解，一定要受人唾骂。不谅的人要说他食古不化，违反潮流。比较谅解一些的人至少也要质问他两个问题。第一，人文史观和历代相传的伟人史观或“英雄造时势”的旧说究竟有什么分别？第二，在近日“法治”与“人治”的争论中，人文论者是不是完全左袒人治之说，完全否认“法治论”的地位？人文论者对于这两个问题不能直截爽快的答复。容先分别加以讨论。

人文史观和伟人史观的对象是很相同的：彼此都看重人才的产生。但是，以前伟人史观里有很重要的两点，在人文论者看来，是绝对不可通，或是极不圆满的。

第一，伟人史观论人才的产生，往往不讲因果律；所以不讲因果律的缘故，是因为太注重意志论。意志原是一个不受因果律支配的东西。以前的意志论又可以分做三层说：一是天的意志，二是他人的意志，三是一己的意志。

前人论人才的勃兴，开口便讲“天地钟灵，山川毓秀”一类笼统的现成话。所谓“钟”，所谓“毓”，自然是天志的一部分，法则所不能支配、人力所不能左右、理智所不能分析的一种手续了。一样是这块天地，何以这里不钟灵，而偏在那里钟灵？一样是这幅河山，何以以前毓过秀，而如今不毓秀？这一类的问题，自然是无人提出，因为一切一切既出乎天的意志，人类当然莫测高深了。

在宗教信仰比较发达的人，或比较普遍的地方和时代里，人才的产生自然更归功于天的意志了。繁庶之区，富贵人家，出了人才，当然是天降百祥的结果，所以，人说，既富且贵之后，又笃之以人才，以维持其地位于不替。穷乡僻壤，贫贱人家，也出了人才，当然更是上天之赐了。但是何以在出人才以前，天却教这家人家贫贱，甚至于到一个很不堪的地步？关于这一点，愚陋一些的人便不求甚解，聪明一些的便有一种极婉转动听的自圆之词，例如：

> 故天将降大任于是人也，必先苦其心志，劳其筋骨，饿其体肤，空乏其身，行拂乱其所为：所以动心忍性，曾益其所不能。

这谁都认得是孟子的话。孟子当时那种“生于忧患，死于安乐”的议论，原是一片大道理，并且有不少的教育价值；至于说这都是天所预先替人规划定当的，那就教我们无从领悟了。

讲起孟子，真是教人高兴。他是中国古代讲伟人史观讲得最热闹、也是最有精彩的一个学者。我们在下文还有好几处要仰仗他的议论。

上文说天的意志是不受任何法则的支配的。这也许是过甚之词。大凡相信天志的人，都以为天志虽不受外界的法则制裁，他自己总守着几分规矩，决不会颐指气使的。所以人才的产生，也不是胡乱的，而有相当的时期性，《旧约》时代的犹太人就深信经过了多少年，就有一位弥赛亚降生，后来居然出了一个耶稣（犹太人承认不承认他，为别一问题）。至今耶稣教里有好几派相信耶稣要第二次降临人间，他们推定了几个黄道吉日，但都失望了，他们深怪自己信心不坚。

孟子也深信天生圣贤，是有时期性的，他说："五百年必有王者兴，其间必有名世者。"他在全部《孟子》的煞尾里又说："由尧舜至于汤，五百有余岁……由汤至于文王，五百有余岁，由文王至于孔子，五百有余岁……由孔子而来……"；孟子以孔子比"王者"，以自己比"名世者"，但说到这里，他忽然未能免俗起来，仅仅的叹着一口气说："然而无有乎尔，则亦无有乎尔！"读《孟子》的如以此为孟子最后不再信仰天生人才有时期性的说数，那就上他的当了。

自堪舆之说盛行，天生人才的意志，又往往借了"地理"表现出来。这一类的故事很多，尤其到了科举的时代，姑举一例如后：

> 苏城吴氏始祖茔，明时葬在胥门外桐泾，与七子山相对。有术者过其地曰："此吉壤也，逢壬戌当发，惟先旺女家耳。"嘉靖壬戌，申文定公时行中状元，申为吴婿。天启壬戌，陈文庄公仁锡中探花，陈为吴甥。康熙壬戌，彭太史宁求中探花，彭为吴婿。乾隆壬戌，陆明府桂森中进士，陆为吴甥。嘉庆壬戌，吴裔孙棣华殿撰廷琛始中会状。道光壬辰，廷琛堂侄钟骏又中状元。（钱泳，《履园丛话》）

这种故事，读来很像神话，人的脑经能不能窥其秘奥，留待下文再说。

其次，除了神道或天的意志之外，人的意志也未尝不能产生人才。所谓人，也许是别人，也许是自己。先说别人的：这便是旧派教育的基本信仰之一。自胎教、家教、以至于一般的师道，向来以为都有绝大的力量。胎教是做母亲的在胎期里善于运用意志的结果。《大戴礼》、《列女传》、《博物志》都讲胎教之法，教凡为孕妇的须要聚精会神，把持得定，不为外邪所感，生儿自然聪明良善。二百多年以前有一位日本人（稻生恒轩）说得最精警：

儿在胎内，与母一气，母之意态，其影响深印于儿心。是以母心正直无邪，则胎生之子亦与之为无邪。凡自怀胎之日始，即应整躬定虑，诸恶勿为，静待分娩：是谓胎教。（下田次郎，《胎教》）

要是世间的孕妇都能这样的善用其意志，岂不是普天之下莫非人才么？文王的母亲太任据说是如此的。可惜我们不晓得后来“野合”而生孔子的徵在，天使感梦而生耶稣的马利亚是不是如此。好在这些超等的大人物五百年内总得生一次，数中注定，也就无须乎胎教了。这一番话并不是拿先圣昔贤来开玩笑的，不过借此可以晓得胎教既是意志的产物，当然也是不受因果律的支配的了，不受因果律支配的事物，人文论者只好置之不论。

事实上近代生物家就不承认胎教这样东西，他们只承认“胎养”。孕妇与胎儿的关系实在是很隔膜的，营养物从母亲的血管传入胎儿体内，尚且得经过一层薄膜，其他生理作用的各不相干，以至于心理交感的绝对不可能，更无须说得了。

胎教所凭借的是孕妇的意志，一般教育所凭借的便是教师的意志了。以前师道的尊严大部分就建筑在意志力的伟大上。“君子所过者化，所存者神”，凡属君子意志力所及的，“顽夫廉，懦夫有立志”，顽懦的既可廉可立，又何往而不是人才呢？

第三种产生人才的途径是一人自己的意志。一般人听从了孔孟之教，也很信这一点。孔子所谓“我欲仁，斯仁至”，孟子所谓不思而已，思无不得，都是责人运用一己意志之论。孟子自称不动心，又称善养浩然之气，都表明他自己确是一个在意志上善用内功的人。不善用意志因而失败的人，是“自”暴的，是“自”弃的。

但我辈用今日的眼光看来，个人的自由意志，和天的意志、孕妇教师的意志，是一样的不可捉摸。人才如孟子，动辄以“养志”的大道理训人，殊不知有孟子之聪明毅力则可，无孟子之聪明毅力则不可。并且到了真正有人向他们请教实地“养志”用什么方法的时候，他们也支吾其词，从来没有说一个清楚。公孙丑问浩然之气，孟子只说得一句是“难言也”。曹交很想做尧舜，情愿做孟子的及门弟子，孟子却说，“夫道若大路然，岂难知哉？人病不求耳，子归而求之，有馀师。”“病不求”，“归”而“求”，都是教曹交自用其意志的意思。后来曹交的成绩如何，我们不得而知，我们只晓得除了《孟子》里有这一段关于“大人物速成法”的谈话而外，在别处再也没有遇见这位“九尺四寸”大饭量的曹交先生。

这三种产生人才的意志论之间，实在有几分演化的关系。最初人类对于生存尚没有多少把握，故一切委诸神道、委之天命；后来文化日臻进境，始信人们的意志可以彼此互感，于是才发生英雄的崇拜，才明白教育的效能。最后，更进一步的信任自己的意志可以转换环境，可以左右一己的前程。中国春秋战国时代的文化是一种过渡的文化，所以这几种“意志可以产生人才”的论调交光互影的同时存在。

* * * *

佛教文化加入中国之后，人才产生的解释又多了一个——并且是极端重要的一个——就是因缘果报之说。果报之说，在中国古代本有相当地位。“作善降之百祥，作不善降之百殃”一类的话，是很早就深入人心的。但佛教输入之后，有了有组织的宗教为之后盾，果报之说才到处在人的行为上发生影响。人才的产生是行为之一，自然也受他的制裁。

因缘果报与人才产生的关系极切，以前是绝对没有人否认的。尤其是在科举时代。千余年来，科举几乎是产生人才的唯一途径，所以一人在科举上的成败，往往向一己或祖宗的行为善恶里去觅解释。祖宗积了德，子孙才可以“出秀”，出秀的数量自然又和功德的数量成正比例。清朝初年昆山徐氏弟兄出了三个鼎甲，当时传诵一时的解释是这样的：

> 昆山徐健庵司寇之祖赠公某，于明时尝为常熟严文靖公记室。时三吴大水，赠公代具疏草请赈，文靖犹豫未决，筮之；因嘱卜者第曰，“吉”。乃请于朝，全活无算。生子开法。于鼎革时，有镇将某寇掠妇女数百人，锁闭徐氏空宅大楼，严命开法监守。开法悉纵之，送还其家，遂将空宅焚烧。及某来索取，曰：“不戒于火，俱焚死矣”；某默然而去。开法连举三子，元文中顺治己亥状元，乾学中康熙庚戌探花，秉义中康熙癸丑探花。(《履园丛话》)

在科举时代，这一类的故事极多。因为一己或祖宗的行为失检，因而功败垂成的，也很多。果报论发达的结果，似乎把意志论的地位攘夺了。其实不然。果报论原来就建筑在意志论之上，不过后来的意志论比较以前的要多几分伸缩性罢了。怎么说呢？在以前，天的意志和人的意志似乎是各不相谋的，天要怎样，就得怎样。果报论发达的结果，天的意志至少有一部分可以受人的意志所左右，所以即使素来作恶的人，一旦能自新起来，改邪归正，广行功德，也可以把天的意志转变过来，到了子孙手里，也可以出几个人才。由此可知意志论的深入人心，牢不可破，以前解释人才产生的人，始终不能不仰仗着他。这里说天的意志可因人力转变，所谓天，并不一定指什么特殊的神道势力，而是指以前士大夫动称“冥冥之中、冥冥之中”那种不可思议的势力。

说到这里，我们又想起一两段有趣的故事来。相传范文正公觅葬地，既得一地，有堪舆家告诉他说，这是“绝地”，葬了子孙传不下去；文正公想既是绝地，不如由范氏占去葬了，免得别家上当。后来范氏“当绝不绝”，并且出了不少的人才。在文正公当初，也许是一种不信风水的托辞，但是深信“人力回天”——即人的意志可以转变天的意志——的人，便把他当做大把柄，来劝人为善。又有一段故事，比较的更是凿凿有据。清初，

> 吴门蒋宪副公改葬贞山；堪舆云：大不利于长房。公冢媳盛夫人谓其子荣禄公之逵曰：子姓至多，若仅不利于我，无妨也。荣禄素孝，闻母命，即以言达于各房，为宪副公改葬焉。时盛夫人弟御史符升曰：此一言已种德，堪舆之说，且将不验……（《履园丛话》）

后来果然不验，蒋氏长房科甲名宦，几世不绝。“一言种德”，“人定胜天”，有如此者！

*　　*　　*　　*

不过果报论总要比纯粹的意志论略胜一筹。意志论完全不讲因果，果报论似乎还讲一些。所谓因缘果报，中间就包含着因果二字。因果律的译名原是从佛学中得来的。我们至少可以承认这一点，就是，在果报论势力之下，人们对于人才的产

生，至少承认有前因后果，并且以为可以受几分人力的左右；若在纯粹的意志论势力之下，就完全不可捉摸了。

人文论者讲人才的产生，当然连果报论都不能接受，因为因缘果报论所讲的因果，仅仅有因果之名而无因果之实；它所认为有因果关系的两件或两件以上的事物，实际上碍难发生因果关系。例如上文所举一门三鼎甲的例，三鼎甲的祖父全活了无数灾民，他们的父亲又放走了不少的妇女，当然都是事实，但人文论者看不出来这二桩好事究属用什么法子，经什么手续，来产生那三位鼎甲。

人文论者了解一些近代科学的原则，他略加思考，便知因缘果报论者所指的前因后果，实在无一不是果，并且是同出一因的果。这个因，在果报论者固然无从了解，人文论者却知道不是别的，就是“遗传与教育”。试再引昆山徐氏的故事来说，三鼎甲的祖，因为遗传与教育良好，才会用急智和权宜的方法来纾人于难，他们的父亲也是如此；到了三鼎甲的一代，时势太平了，遗传与教育的良好就在科举上表现出来；“果”的表现虽因时势而有不同，而“因”的蕴蓄，则三世如一。这种解释和果报论的大有出入，可以用单简的图式表示出来（见图一）：

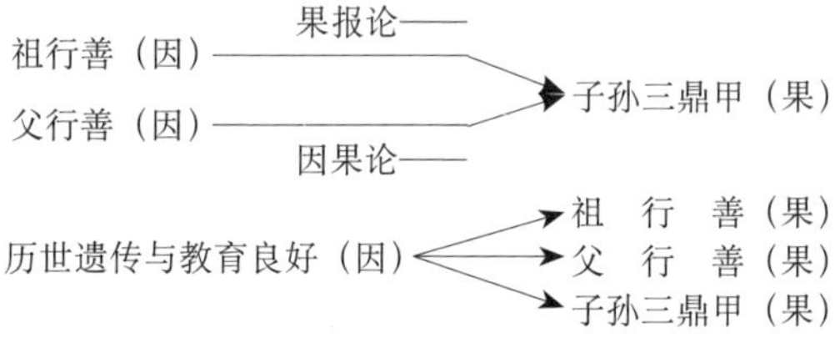

图一

上文所引苏州吴氏和蒋氏的故事，岂不是也可以用同一的方法解释？遗传与教育既良好，门第的婚姻又把良好的程度一代一代的加笃提高，自无怪其科举人才的层出不穷了。至于吴氏的先旺女家，逢壬出秀，也许是偶然巧合，也许是讲故事的人，因为深信了堪舆家言，不自觉的把少数在其他年份内出秀的吴氏本家忘掉了。这是蒙蔽的心理常做的事，不足为奇。至于蒋氏盛夫人的那种见识，几乎等于完全否认堪舆之说，岂不超出寻常女子万万？这种见识的智力根据，自然可以遗传，有这种女子做一家之主，家教自是蔚然可观。这种人家不出人才，谁家出人才？又何必乞灵于果报之说呢？一言以蔽之，果报论者的错误在把同出一因的两个或两个以上的果，认为前因后果。

人文史观不能与伟人史观或贤人史观苟同之处，这是第一点。

* * * *

第二点是跟着第一点来的。意志论者或果报论者既把一切一切都归于天命、祖宗、鬼神、自由意志，对于人才的形成，自然不遑仔细推敲，亦无须仔细推敲。“圣人生而知之”一类的语气，最可以代表他们不求甚解的精神。

人文论者则以为形成人才的因缘是极复杂的，归纳之为三类，一是属于生物遗传的，二是属于文化背景的，三是属于平生遭际的。上文不说过遗传与教育么？把教育劈分为二，其一便是过去的文化遗业，又其一是临时的意识与物质环境，也就成为三类了。西洋人文学者所称生命的三边形，就是指此（见图二）。

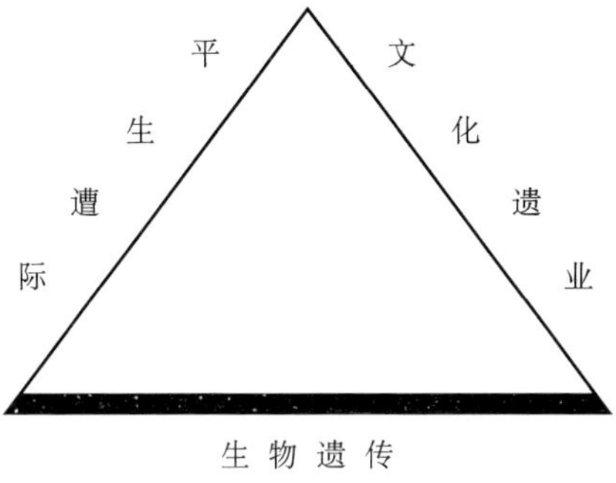

图二

一人成才的程度当然视这三种因缘结合的程度而差。如以上中下为每一种因缘的等差，则自上上上始至下下下终，可得二十七级，上智下愚中庸各色的人物，不论成功失败，都可以包括在内。(说详美人莪尔特的《遗传学引论》)

三种因缘之中，遗传比较的最为基本。他是成器的玉，铸刀的钢，玉不琢，钢不铸，固不成任何工具，但原料若不是玉不是钢，怕就琢不起，铸不成，勉强琢起铸成了也是不经用的。这是极单纯的一点事理，而历来侈言教育的人大都未能体认。近来教育事业的浪费、不经济，一大部分是因为不能体认遗传的重要所致。

真正的人才，第一靠遗传的良好。但他可以成才到什么程度，局部也要看他所处的社会有多少文化遗业，有什么文化遗业。把初生的婴孩，置之羲皇而上，任他有多么好的遗传，长大了最多也不过发明了钻木可以取火、烧土可以成陶器罢了。

当代最大的发明家爱迭孙，倘若早生五六十年，他的成绩怕就不会像现在一般大，因为电学里有若干先决条件，那时候还没有具备。

不过有一点要注意。常人只能受文化遗业的笼络限制，在人才，却往往能彀不受他的羁绊，能跳出范围之外，而作一番客观的端详评论，结果，他们能够对于已成的遗业，加以损益纠正。文化的所以有进境，全靠这种损益纠正的工夫。至于何以在同一情势之下，他们能如此，而常人不能，这就怕不能不推论到遗传的有高下了。

遗业与遭际都是供给刺激的东西，不过一是纵的而有时间性，一是横的而有空间性。遭际之论，充其极，就变为“时势造英雄”的旧说。时势虽不能真正“造”英雄，却有力量教人才走上什么途径。有人说，达尔文若生在中国，怕就不会成为演化论的集大成者。这话是不错的，因为在当时的中国文化里可以说丝毫没有教人研究演化论的刺激和机会；同时也没有多少演化学说的遗业。些少有一点，又多隐没在春秋战国时代诸子的学说里面，早失其刺激的效力。

这种楚人楚语齐人齐语的议论，谁都不能否认。不过有两点要注意。长才如达尔文，到了中国之后，虽不成演化论大师，至少在别种当时流行的学问上，可以有博大精深的贡献，像顾亭林一般，因为遭际所能上下其手的只是造诣的方向，而非造诣的程度。这是一点。当时英国文化的背景，相对的固然比中国的好，但绝对的又何尝适合于演化论的发展呢？达氏倡论之初，基督教统治思想的能力还很大，当时反对演化论的空气与论调要比赞成的不知大多少倍。然而达氏、赫胥黎一班人居然成功了。这也算时势造英雄么？若说时势可以供给一种阻力，更引起人的挣扎奋斗，那末，何以世间因阻力而失败的人又到处皆是呢？这又不能不教我们推论到遗传的有高下了。

说到这里，我们再回头解释昆山徐氏的成功，就越发明白了。昆山徐氏原是有根柢的旧家，所与婚媾的也是旧家，例如顾氏。三鼎甲的父亲开法，娶的便是顾亭林的姊妹，所以三鼎甲就是顾氏的外甥。两个有根柢的血缘，合在一起，产的果实总要比通常的肥大些。以前用果报论来解释此事的人，竟会把顾亭林的关系都忘了，真可谓心切于求目眩于视了。中国人以前对于血统传授的道理，并非完全不明白，但因为深信了因缘果报之说，原有的常识反至受了蒙蔽。

徐氏兄弟既有了优越的遗传，再加上当时科举文化的遗业，清朝初年，天下大定，朝野都能以文教相尚，所以际遇又比别的时代要强——种种因缘凑合的结果，一门就出了三位鼎甲。这样说来，此事也就不足为奇，不必诉诸神道果报之说以求解答了。

人文史观和伟人史观不同之处，最重要的，就是这两点，前者论人才的产生，以因果律为根据，后者则以意志论；前者论人才的形成，认为因子很复杂，而后者则错认为很单纯。

凡属根据因果律的现象，便可供分析；人们可以借果知因，因因造果，因而取得几分驾驭控制的力量。这又是人文论者较胜一筹的地方。

人才既经形成之后，他们供给组织的领袖、发明的科学家、审美的艺术家、综合的思想家，只要有物质的环境相副，他们到处，便是文化到处，这种看法，人文史观和伟人史观没有什么大分别，人文论者所不敢苟同的，就是伟人史观看得太浪漫、太抹杀武断、太犯英雄崇拜的嫌疑。英人卡腊尔说任何时代的历史是大人物的传记之和；中国一部二十四史，把列传部分除去之后，几乎等于没有历史，这种说法办法，人文论者是不肯随声附和的。人文进步固然靠少数人才的反应，但反应的启发则靠适当的刺激。刺激又从何而来的呢，还不是阖群所供给的么？况且，社群的分子，才具虽有大小，却决不能分为人才与非人才两种，才大贡献大，才小贡献小，又怎能把一切功勋都算作少数领袖的专利品呢？

* * * *

现在要答复第二个疑问，就是，在今日人治与法治的争论中，人文论者究属处什么一个地位？中立呢？还是偏袒一方呢？我们觉得都有一些，但在确切答复以前，也要略加讨论。

人文论者以为人治法治缺一不可，人与法的关系，犹之人与文的关系，彼此处的是一种互感共发的关系，这是中立的说法。但上文说过有人斯有文，法是文的一部分，就等于说“有人斯有法”，所以虽重法，而始终以人为归。这是偏袒的说法。

历来法治与人治的争论，总是愈烈而愈不得结果。为什么？病在争论者眼光太近，只就目前的或一时代内横断的局面看，只就同一世代以内的人物制度看。法治论者口口声声要好的制度，而不知没有好人，好制度就不会产生，勉强产生了，或从外国借来了，也未必能维持久远。人治论者口口声声要好人，而不知没有制度的保障，好人就产生不出，勉强产生了也未必能传宗接代，绵延不替。双方只要把眼光放远一些，争论自息。

怎样的放远？法治论者须得进一步的推寻人才所由“产生”的原因，人治论者须得进一步的推求人才所由“消灭”的原因。前者进一步，就明白遗传的重要；若是人们的遗传本质日趋下流，任你有什么好的制度，终不免于破坏。后者进一步，就知道社会制度的势力，和自然界的势力一样，有选择淘汰的效用，就是，教“适者生存，不适者死亡”的力量。若是一种制度有反选择的影响，即淘汰人才的影响，那末，任你的人才怎样轰轰烈烈，盛极一时，数世之后，他的血统也许就靡有孑遗了。

遗传的重要，上文已言其梗概。至于选择的意义，作者在下文《人文选择与中华民族》里另有比较详细的讨论。大意是这样的。人的流品不同，他们在文化——包括制度在内——生活里的竞存力，也就有高下。一种制度盛行的结果，可以把甲派的人维持扶植，而把乙派的人自觉的或不自觉的逐渐淘汰。这是古今中外历史里常有的事。例如欧洲中古时代的基督教，因为武断、不容忍、严领袖们独身之戒，便断送了不少聪明的、能独辟蹊径的、与富有同情心的人。汉武帝以后的中国儒家文化也很有几分反选择的影响。他和君主政体携了手来推行二大制度。选举制度因为标准狭窄，推崇古人太甚，无形之中——要比基督教无形得多——也许淘汰了不少有科学头脑、能标新立异的人才。家族制度之下，个性的发展受了钳制，一门之内，自成天地，也许又牺牲了不少富有社会意识与组织能力的人才。今日的中国在在需才孔殷，尤其是科学家与政治领袖，而竟不可得，又安知不是吃了制度畸形发展所引起的反选择作用的亏呢？

唯文论者与法治论者动讲“有法斯有人”或“有文斯有人”；要是他们能够看得这么远，人文论者，也就不再有微词了。可惜今日之下，他们还不能。

总之，“才难”。产生固难，维持也不易。法治论者知二而不知一，人治论者知一而不知二。人文论者惩前毖后，乃知好法虽须赖好人而产生与执行，好人尤须赖好法的保障而生存，且所保障的不止是一二个好人，而是好人的血统。保障了好人的血统，好法的维持与进步也就得了保障。可以保障好人血统的法始终存在，好人也就生生不已，且得继续的提高其好的程度。世间虽不能有郅治的一日，到此，至少法治论者与人治论者的争讼可以告一段落了。至于怎样才是好法，好法怎样保障，都是狭义的优生学范围以内的问题，在此无须答复。

（此篇原稿见《人文》第二卷第二、三两期）

三

意国奇尼教授之民族自然兴替观

（一九三一）

奇尼（Corrado Gini）教授为意国数一数二之人口学者，现任意国政府中央统计局局长。二年前应美国芝加哥大学之招，演讲其比较别开生面之人口学说（Population. Harris Foundation Lectures，1929）。兹特介绍其大意，并就管见所及，略加评论于后。

一

马尔塞斯派之人口学者，以为人口循几何级数而增长，至食物不能赡给而止，不止则种种社会之病态，必随之而生。别有一派人口学者，则谓人口自生自长，自有其一定之趋势，犹之一人自幼而壮，自壮而老而死，初与外力之鼓励限制无密切之关系。前一派盖假定人类之生殖力自身无止境，无伸缩徐疾，后者则以为有止境，有伸缩。奇尼教授属于后一派。其民族自然兴替之说，亦即脱胎于此种人口学说。

此二派人口学说之中，何以知后者较若近理？较有根据？奇尼教授历数下列诸端，以坐实其说：

一、富人生育少，穷人生育多，可见赡养力之丰足与否与生育之多寡无关。

二、一国或一民族之赡养力往往有余，而人口增殖率或落伍，不与之齐驱并进，例如古代之希腊、罗马、今日之法兰西。

三、未开化民族之衰歇寂灭，往往与文明之侵略无干，且亦与环境之肥瘠无一定之正面关系。奇尼引南美洲亚美逊河及安提司山脉二处之土著，以示沃土者日以败亡，而瘠土者反能奋发。

四、古今各民族之盛衰伸缩，大有不齐；甲乙二民族所处之境地，大致相同，甲则发达迟而灭亡速，而乙则发达速，占地广，而历久不衰，例如斯拉夫人及中国人。

五、据新近专家之研究，家族以内之人口消长，亦循有定律，设以曲线表示之，则为一抛物曲线：民族既为多数家族之和，自亦不免受同似定律之支配。

六、人类以外之物种似亦不能免于“生、壮、老、死”之回环。不第古生物学家之种种发现足为左证，即近年来关于果蝇、酵母、细菌一类之研究亦示生殖力非漫无制限、终始如一者。

七、体细胞必死，但精细胞必不死：此为韦思曼以来生物学者之公论。然试加推论，殆未可通。精细胞为体细胞之母，安有子必死而母可以永存者乎？设曰，子因分化而易死，母因不分化而不易死，必经一久远之历程而后渐归澌灭，则于理尚可通得。曰人口全部之消长者，即精细胞之消长也。精细胞既可澌灭，人口全部安得而不澌灭？

以上七端为奇尼教授所以主张人口自然消长与民族自然兴替说之根据。至欲知其说之内容，则须一考其所创说之人口之代谢作用（demographic metabolism）。

有一民族于此，其各部分之增殖率至不一焉。有极速者，有平庸者，亦有不及生殖而死者，亦有到老死不生殖者。人口世代嬗递，对于下一世代之产生，上一世代中非尽人有分者也。据人口学者之推算，下一世代之半数，为上一世代之六分一以至于八分一所产生，其余一半则为其余之六分五至八分七之共同贡献。此种生殖能率之不同，试续考之，又与社会阶级有相当关联，大率上等阶级最弱，中等者次之，下等者最强。（所谓上中下，盖指常人眼中社会与经济地位之高下，非谓其人必优劣异等也。）

上中下阶级间之生殖能率既不同，人口之代谢作用乃有发生之可能。上流阶级之能率既弱，其数最终必不能维持，于是中流者起而代之，中流自身亦然，于是下流起而代之，上谢下代，流动不已，是曰代谢作用；犹之人体内之各部推陈出新，变换不已，事虽不同，小可喻大也。惟当一民族成立之初期，上流阶级之增殖率相对的尚高，甚或数量上有溢出者，其溢出之额即不得不退居下位，例如古者贵族之小宗数迁，即与平民为伍，中国在春秋战国时，英国在十二三世纪以前，皆有此种经验。同时中下等阶级之增殖率，相对的虽若稍减，而绝对的则不减，其溢出之额，既无所取代，或不能多得取代之机会，则不作疆场之牺牲品，即相率出国为移民。当此之时，人口代多谢少，其文化生活亦呈活跃之象，是民族发皇之时期也。稍后，上流阶级之生殖率渐降，中下阶级之兴起者皆得于其间觅一席地，而不必别图发展，于是人口呈代谢约略相抵之局面，民族之文化生活无大进步，亦无显著之退化。再后，上流阶级之生殖率锐减，中下虽多余额，亦不能悉数利用其让出之空隙，于是人口之流动，成为谢多代少，文化亦日就解体，于斯时也，设无外来异族之血种为之整顿补缀，则民族之由衰而亡，不过旋踵间耳。

然人口在阶级间之流动不必若是之易易也。甲民族之阶级畛域严，则其流动难，例如印度；乙民族之阶级畛域不严，则其流动较易，有若美利坚合众国。流动难者代谢作用缓，民族生壮老死之演变亦缓，往往有历数千年如一日者。流动易者代谢作用速，民族生壮老死之演变亦速，令人起“兴骤亡忽”之叹。惟演变速者其文化生活必较活跃浓厚，缓者，其文化生活必呆滞淡薄。奇尼教授尝曰：“社会组织不外阶级畛域严密与否之两种，我辈不居其一，必居其二。一则使民族生命长而淡薄，二则使民族生命促而醇厚，寿命与魄力二者皆可欲，乃不可兼得，至少于民族为然也。”二者既不可兼得，果孰舍孰取乎？奇尼教授以为宁舍寿命而取魄力；故引东方一谚语曰：“与其作绵羊而寿，毋宁为虎豹而殇也。”

民族之亡，盖由阶级间人口之谢多于代，代不胜代，已如上述。然于将亡未亡之际，可有法挽狂澜而回横流乎？奇尼教授以为仅有一法——杂婚是也。民族至谢多于代之时期，论者谓可用种种文化之势力以鼓励上流阶级之生殖力，使自免于危亡之祸。奇尼教授独以为此法不能行，行之亦无实效。其言曰：“欲改良种族，而勉强使上等阶级增其生育量，其为徒劳无益，犹之欲提高人口之效率，而制为方药以苟延老年人之寿数也。”其意盖谓民族至此，其精质已就衰败，不能力自振拔。欲由外力振拔之，惟有采杂婚之法，使其精质经一度之脱胎换骨而已。

杂婚之方式又不外二端。民族之阶级组织不严密者，其平日代谢作用较自由，故及其精血之既竭，自身即无法弥补。若是者行杂婚，势不能不取给于外来之移民。此一端也。其平日阶级组织严而代谢作用不自由者，则上流阶级之精力虽竭，而中下者每有余裕，阶级间但须蠲除其畛域之见，杂婚即随之而生，而精血复因流动而得不腐矣。此二端也。阶级组织严密之社会，每一阶级，因不外婚，往往变成一比较独立之血统；二个以上独立之血统相结合，其性质几等于与外来移民相结合，故亦可以杂婚名之也。

二

奇尼教授之学说大致如此。今请得为下列之引伸与评论。

一、我辈首欲注意者为奇尼教授学说之由来。奇尼教授之人口自然消长说与民族自然兴替说非完全为彼一人之创见也。此类学说大率兼具生物与社会二方面。自社会方面观之，自然消长与兴替之论不妨谓为斯宾塞尔社会有机论之尾声，亦可谓为有机论之充极。以社会比拟生物个体，固为有机论者之不二法门，然比拟而至于新陈代谢作用，代多于谢则生，谢多于代则死，则奇尼教授功夫之细到殊为不可及耳。

自生物方面言之，奇尼教授之说盖与演化论者所称种族生命回环之说大同小异。演化论者以为不特个人有生、壮、老、死之回环，即物种亦有之。当一物种之初成立也，朝气蓬勃，变异万端，所谓突变之品性即于此时呈露，及其壮年，则变化少而形态与生理状况日趋固定；及其既老，则齿牙脱落，赘疣横生，躯体大而无当，不特无爪牙之利以副之，养料且虞不给焉；于斯时也，有强有力之新种出，以与之抗，直摧枯拉朽耳。论者谓中生代之龙世界，即如此下场；人类虽自称万灵，沾沾以喜，恐亦不免有此一日。奇尼教授之说，半以此为张本，可无疑义，惟彼取义较狭耳。

奇尼教授之根据犹不止此。近百年来诸家人口学说中暗示自然消长与代谢作用之义者实不止一家。(一)有所谓宇宙说者，谓大地人口之繁殖，随宇宙万象之盈虚圆缺，数百年间，必有一度之伸缩，伸继以缩，缩后复伸，循环不已。当今欧洲出生率正低减，盖适逢紧缩之时期故也。此与奇尼教授之说有二异点：一在假定缩后必伸之来复，一在假定人与宇宙物象有互相感应之理；余则甚相类似。（二）距今九十年前（一八四〇），有霭立孙者（Alison）尝论富贵人家多子息与贫贱人家少子息之理；略后（一八四一）又有德步代者（Doubleday）实为滋养丰损之说以解释之，谓丰则引起一种生理状态，使生育力减杀，否则使之增益；及一八五二年，斯宾塞尔复用脑力消耗量之多寡解释之，而著为脑力与生殖不并立、及个育与群育不相能之说。今奇尼教授之说盖以阶级间生殖率之轩轾为重要之出发点；所不同者，彼以此种轩轾之现象为自然演变而成，与滋养之方法及脑力之运用不相干耳。设相干者，奇尼教授必以彼为生殖率高下不同之果，或间接的表示，而非其因；盖生殖力低者时间与精力方有余裕，得以从事于生活之讲求与享受；生殖力高者不特无暇及此，兴趣亦不属也。（三）杜孟（Dumont）之“社会微管律”与奇尼教授之学说似亦不无渊源关系。杜氏谓民治之国，阶级之分际不严，居下位者安所遂生，生育滋盛，其中较有志力者大率得因一己之努力，而提高其经济与社会之地位（犹之液体在微管中，得自引而上），而生育力之限制，即为提高地位时不能不履行之一种手续。杜氏此说，半以解释民治国家人口之易于增益，半亦以解释其阶级间分子之多所流动；今奇尼教授之说固亦以阶级之流动为重要张本者也。（四）又与穆勒同时之经济学家瑞约翰（John Rae）主所谓“有效之欲念说”，以补马尔塞斯之不及，其意盖谓生育量之大小，不尽借赡养力之厚薄，岛居半开化之民族，往往有衣给食足，而人口日就减削者，则缺乏生育之欲念为之也。此说与奇尼教授之主张有极相似处，所不同者，瑞氏以此种欲念之缺乏为态度的与心理的，而奇尼教授则以彼为生理的与生物的而不可动摇耳。

二、奇尼教授谓人口自然消长，民族自然兴替，所云人口与民族之范围果何如乎？若曰大地上人口之全部，即今日人种之总和，则其说即与演化论之“物种生命回环说”相等，不可谓无相当之旁证，我辈或不难承认之。若其所指为今日人种中之一派，若高加索、或蒙古利亚、或内格罗，则其说即难自圆，设其所谓人口与民族即为国家二字之别名，则与其说相抵牾之事实更多。请得加以讨论。

今日之人种，约分三大族，果何者已近风烛残年，何者方兴未艾乎？内格罗族之为衰朽，不能自振，人类学者十九承认或默认之，可置不论；高加索与蒙古利亚又孰为精壮孰为垂老乎？此则议论即不一致。大率较旧之人类学家以高加索为后出，以蒙古利亚为先进；而较新之人类学家所见适得其反。例如澳洲雪梨大学泰雷（G. Taylor）教授论演化史上人种八大派，普通所称之蒙古利亚人即属最后之二大派，第七与第八，而欧洲西北部之高加索人反属第六派，南欧人，即旧称之拉丁民族，则为第五派，其资格比较尤老。泰雷氏列叙此数派之先后演化，颇为凿凿有据。循奇尼教授之论，则首先毕生命之历程者应为第五派，即今日意大利、法兰西、西班牙、葡萄牙诸民族所属之派，而最后卒业者应为中华民族及中国迤西之蒙古利亚各民族。此在逻辑上奇尼教授不应不承认，然事实上彼果能承认之乎？我辈可以必其决不承认。不第奇尼教授不承认，我辈观察形势，实际上亦不能为此推论也。

今即不就先后不同之种派言（奇尼教授或不承认此种种派之说），而就同一种派之各部分而言，奇尼教授之说亦未能为通论也。同一蒙古利亚人，即泰雷分类法中同属第七第八二派之一，日本何如乎？中国何如乎？在美洲大陆之印第安人又何如乎？其民族生命之活跃程度果大有出入也。同一拉丁人，同一属泰雷分类法之第五派，意大利人何如乎？西班牙人何如乎？葡萄牙人又何如乎？其民族生命之朝暮气息又大有不同也。奇尼教授又将用何法解释之耶？

设自然兴替自然消长之单位不为种，亦不为种内之族或族内之派，则试问奇尼教授果以何物为单位。若曰以派内之血统为单位，则姑舍其不易确定之一端不论外，各血统演化之先后，寿限之长短，亦至不易捉摸不易观察矣。设以社会地位高与生殖率低之血统为先进，或以此种家庭为必属于先进之血统，则不特犯丐词（question-begging）之错误，且亦过于信任生物之命定力矣。

三、学说往往为时代之产物，往往为一时代比较独具之事实所限制，故其适用之程度，必不若创说者所预期之甚。论者每以此难马尔塞斯，称其人口过剩之杞忧，盖为当日工业革命初期英国社会特殊之情形所唤起。此种议论之然否，我辈不越俎代论。然以指摘马氏学说，而私心欲取马氏而代之奇尼教授，乃亦犯此近视之病，欲以从近百年人口史料所得之结论施之万世，则弥觉有商量之余地耳。

奇尼学说根据之一为阶级间之轩轾的生育量。殊不知此种轩轾之现象似为一时代之产品，初不必为人口之定律也。我辈不必求之往古，即在一百年以前，在西方尚不能谓有此种现象。纽士荷姆于一九一一年论西洋出生率之低降而推究其变迁，尝曰："此种轩轾现象之发生，至今不过二世代"，即不过六七十年耳（A. Newsholme, *The Decline of Birth Rate*, pp.45及50）。韦丹夫妇于一九〇九年论英国贵族人家子女之减少，制有下列之统计（W. C. D. and C. D. Whetham, *The Family and the Nation*, p.139）：

表一

年期	有子女之百家每家平均生产数
1831—1840	7.1
1841—1850	约 6.1
1871—1880	4.4
1881—1890	3.1

供给此项材料之百家贵族大率系"抽样"得来，非由韦氏任情挑选，当不无相当之代表性，各家加入贵族阶级之历史亦颇不一，最近者亦有二代以上，亦以示搜集者胸中并无成见。信如此也，则可知距今不过八十年前，英国贵族之出生率尚不可谓低；一八五〇年以后，始渐降落，至今且已不能维持三·一之平均数。此种事实，奇尼教授亦必以自然消长之说解释之耶？设即以八十年为低落之期，则自然消长全部回环之期限至多当

不出四五百年：夫物种之生命回环多至千百万年，个人寿高者亦且百年，家族血统之寿算，何竟如此其促也？

或曰，欲知自然消长之理，不宜仅仅取有子女之家而计较之；贵族阶级中不有独身者乎？不有婚而不育者乎？设并此而计之，则可知轩轾之现象，固不自百年前始；中古时代贵族人家之出家为僧尼者所在多有，亦未始非生殖力衰退之表示也。此种议论，在欧洲或犹可以自圆。设在中国，则触处与事实抵牾。中国在西化东渐以前，社会阶级间之婚姻率与生产率，虽无切实统计，似不能谓多有轩轾，其为僧尼而独身以终者且往往为经济地位低下之辈，其阶级间之支配似适与中古时代之欧洲者相反。持奇尼教授之说者又孰从而为之辞耶？余故曰：奇尼教授欲以从近百年所得之结论施之万世，亦未尝不犯浅视之病也。

四、奇尼教授谓代谢作用——即阶级间人口流动——之难易与民族文化生活之张弛绚素醇醨有正面之联带关系。是亦未可谓为通论也。何谓张弛，何谓绚素，何谓醇醨，此第一须下界说者也。今日美利坚之文化生活，可谓紧张绚染极矣，然亦得谓之醇厚隽永乎？千百年来之印度文化，自走马看花之旅行家视之，殆可以为奇尼教授学说之铁证矣，然在习于此种文化之人，决不肯以浅薄自承。即在客观之第三者亦何能遽下此种断语？此困难一也。今姑假定印度民族之寿命与其文化之性质为适如奇尼教授之假设所期，即姑假定印度可作一良好之证据，则反证固亦不难觅也。中国亦东方长寿之一民族也，然中国文化向以缺乏阶级性著称，二千余年来，在征辟选举制度之下，穷而有志之士，类能因一己之努力，改易其社会与经济之地位，阶级之分不严，即代谢作用之行使易，代谢作用之行使既易，其文化宜若十分紧张绚染矣，而事实似未尽然也（律以印度文化，中国文化亦不得谓为十分热闹）。即强以中国文化为东方之一例外，未可与印度文化相提并论，则又何以长寿乃尔？长寿一端，容可以北方血种之加入解释之；然必以中国文化与印度文化两样看待，则事属勉强，不知持奇尼教授之说者又将何以善处之。

余颇疑奇尼教授民族寿命与魄力不可得兼之说盖亦得诸个体与社会之比论，盖亦为社会有机论之充极。吾人往往以为才者不寿，故孔子痛颜渊冉伯牛之早卒，孟子亦有“德慧术知恒存疢疾”之语。西方旧派之论天才者，亦有类似之见地，朗勃罗梭其尤著者也。朗勃罗梭意人，奇尼教授亦意人，岂朗氏以为个人如此者，奇尼教授以为民族与社会亦必尔耶？果尔，则亦太沉湎于斯氏一派之社会有机论矣。然征诸最近天才研究之所得，颇若一人之体力、智力、寿命、生殖力，种种品性，不无正面之关联，常人与旧派天才论者之观察盖失之片段偏注；是则即推有机论而充之，民族寿命与魄力不可得兼之说亦不易成立矣。

五、异族为婚可以增益民族之活力与变异性，似为近年来遗传学者与人类学者之公论。哈佛大学教授逊克孙（R. B. Dixon）甚至以此为近代欧洲人所以勃兴与向外发展之最大原因。然必谓民族复兴非凭杂婚不可，则失诸牵强武断。奇尼教授既主自然消长之说，则当一民族之既衰，事实上舍新血液之灌输外，殆别无起死回生之术：前提既如彼，结论又安得不如此？我辈则以为欲凭外来之血种以救亡，一民族自身必须能始终维持其主体之地位，否则杂婚之效未睹，而民族替渡之局面（race substitution）已成：名为救亡，实速其亡耳。希腊罗马之末叶，不有多量异族血种之渗入乎？而二民族转瞬便成往迹，徒供史家凭吊之资而已。中国亦尝数数仰仗外来之血种以为挹注矣，而中华民族至今犹能保持其相当之个性者，则未损失其主体之地位故也。曰不失其主体之地位者无他，盖谓民族救亡，舍他人血种外，自身必作比较根本久远之谋；亦谓杂婚之法，标耳末耳，本之则亡也。是容于下文别论之。

民族阶级间互为婚媾，其影响与杂婚者大致相似，上文已言之。惟奇尼教授所援引之例证则尚不无疑问。彼谓美利坚今日之强盛，与日本自维新以来之复兴，盖得力于民族内部各部分之由隔离而沟通。此实异常牵强之论也。美国人口之成分极杂，固属事实，然黑、红、白之间，与夫白人中各派及先至后至之间，畛域之见颇深，婚姻之事为例外而非通例。不然者，三开党一类之组织且将无成立之余地矣。至言日本，明治维新而后，阶级之界限，名虽不存，而实则未减其牢不可破之程度，至今左右国势者犹多为维新前藩臣之遗裔，平民之生计与法律地位纵较前进步，其流动性与级外婚之机会恐犹卑卑不足道。总之，相当之杂婚固为民族强盛之一助，然于日本与美国二例，我以为当别寻解释。

六、读奇尼教授自然消长与自然隆替说后，任何人必发现其有一绝大之挂漏焉，曰，选择与淘汰之观念是。奇尼教授设不以选择为人口消长与民族隆替之一解释者，亦当设为驳斥之辞，为自然之说作一度清宫除道之举；今乃只字不提，诚令人惊诧无已。我辈则以为人口消长与民族隆替，自生物方面言之，选择之说已足以解释而有余裕。上文所指出之奇尼教授之种种牵强附会处，设以选择之说释之，固无一不可迎刃解也。美国之勃兴，得力于早年之移民与其子孙，而移殖固富有选择作用者也。以早经选剔之民族，履天惠丰厚之地域，安有不富强者乎？日本为岛居民族，自然淘汰之力既较大陆民族为强烈；其旧日之典章制度亦颇能维持其优良分子之血种，故西化东来，能善自顺适，以成今日之富强。夫以新刺激加之于良善之血种，未有不能作新顺应者，日本不过近代显著之一例耳。夫民族文化生活之隆替，不外三种因缘，民族种品、天惠、与文化戟刺，美国得力于一与二，日本得力于一与三，固不必龈龈于杂婚之一说也。

选择与民族兴替之关系，余已数数为文论之，兹不再赘。总之，人口与民族，自其远者与大者而观之，既自然生长，殆终不免自然消灭之一日，然自其近者与局部者而观之，其盛衰兴亡固不必循一定不易之铁则也，自然势力与文化及意识之力固在在足以左右之，左右而有当，则运命长而生活笃厚，否则生无益，死无闻，历史家欲描画凭吊，亦正患无所凭借耳。

七、本文至此大可收束矣。顾尚有不能已于言者。读书人原不宜以小人之心度人。然近代爱国主义异常膨胀，即在学者亦往往深受其支配于不自知。奇尼教授纵为一谨严的社会科学家，恐亦不能外此。彼论欧洲各民族之盛衰治乱，有曰：

> 彼北欧、中欧、西欧诸国将及时开放其门户使其周围比较不甚老朽之人口得以从容移入乎？彼诸国者其亦欲参与东欧南欧诸国人口之演化乎？不然者，其将坚扃其门户，使内外两方人口之压力悬殊，卒之东欧与南欧之人民不能不破关而入，而酿成一种紊乱之局面乎？是则诚一严重之问题矣。（见前引书页七七）

此种议论，显然为意大利而设。意国为近年来欧洲人口中增殖最速之一国，其有向外移民之需要，我辈固不难承认之。然必谓多生殖之国家为精壮，少生殖之国家为衰朽，而少生殖者有容许多生殖者移入之义务，并谓非此不足以挽救危亡，甚至以危词骇人：意国人纵善自为谋，独不虞情见乎辞，为识者所诟病乎？

（此篇原稿见《人文》第二卷第五期）

四

平等驳议

（一九二八）

“世间不平等之事无过于不平等事物之平等待遇。”（There is no greater inequality than the equal treatment of unequals.）

世无平等之事实，世仅有平等之理论。然世人不加思考，动辄以平等二字相号召，一若实有其事者。名之不立，祸变随之，是不可以不辨。

平等之理论果何自来乎？初民去自然未远，其生活一循优胜劣败之公例，故有权位者大率为社群中比较优秀健全之分子，其顽弱者则依次递降，各成阶级。是阶级之为物，近代醉心民治主义者所视为洪水猛兽者，初不特非人力之威福所强致，且有充分之生物事实以为依据焉。斯时之阶级，谓为生物阶级可，谓为自然阶级亦无不可。及文化日进，社群生活去自然日远，所谓贵族阶级者生齿日繁，除大宗百世不迁永为贵族外，余宗则积世而迁，卒与平民为伍，自兹阶级之组织乃脱离生物之事实而独立，以成后世所称之政治阶级、经济阶级、或综名之曰社会阶级。真正之生物阶级，则散处社会阶梯中，其界限日趋混乱，浸淫至顽弱者得以际遇之佳而尸位弄权，优秀者转以环境之恶劣而侘傺以死焉。

在此种阶级组织下：社会能持久耶？能保其不发生问题耶？曰，不能。优秀而卑贱贫困之社会分子目击或身受阶级间种种不公允不平衡之情状，目击处同一地位之他人奄忽而死；于是消极者则强作乐天知命之论以慰人自慰；不然者则必置疑曰：是岂事理之当然哉！彼巍乎踞高位者岂真愈于我哉，殆遭际之优异为之也；我之郁郁不得志，又岂劣于彼哉，殆遭际之恶劣为之也。由一己推而至他人，由境遇之不一致，推而至天赋之一致，终乃形成一种社会哲学。是曰平等哲学。其大旨曰：生民之初，天赋无有不同，及营养有不齐，机会有不一，教育之方有不尽，而不同之端见焉。贫富之分，贵贱之等，甚至智愚能鄙贤不肖之类别，无非物力人力所形成，非生物自然固有之现象也。

创平等哲学者在中国则有孟子、荀子[1]，在西方则有卢骚、霍布斯、渥温之流。其议论大率为通人所共晓，可不征引，卢、渥二氏之说，为近代社会运动与政治运动之重要张本，更无烦赘述。我辈姑不论其学说之根据若何与几何，我辈不能不首求解答者即优秀分子若孟、荀、卢、渥，在平民阶级中果否为代

1 孟、荀之平等论不一贯，矛盾之处甚多，尝在他处论列之。*（*指《生物学观点下之孔门社会哲学》，见《潘光旦文集》第八卷。——编者注）

表人物，抑为例外是。我恐千百人中犹不得一二焉。以一二人而绳千百人，其已深蹈主观之弊，与以己律人之弊，不待智者而后知。夫愤社会之不公道，思有以拯救之，正有志力者之分内事；然必武断曰：人人有为尧舜之可能性，而此可能性者实为彻底改造社会之张本，则不特与科学事实相抵触，且亦为常识所不容许已。

自然平等论在事实上之不能成立，今日已为有识者所公认。是生物演化论发达之效果也。生物演化论之原则，如不经学者之公认则已，一经公认，则其适用之范围自不能强为限制，而人类亦循演化公理之说尚矣。生物演化论根据之一曰，变异现象。设取此现象而废除之，则竞争之机绝，而竞存之实无由确立；竞争之机绝，则生物夭寿存亡耦独之间，将无所谓淘汰，无所谓选择，亦即无所谓演化，终至所谓生物界者，将无由形成矣。就人类论，变异现象者，人类之所由发生，亦人类之所由进化。谓人文进化为变异现象之赐，无不可也。

或曰，变异之论仅适用于人类体质上之种种差别，其与精神方面或心理方面之品性则不相干。为此论者，必惑于心物二元之说也无疑。夫心与物，犹之用与体也；心为物之用，物为心之体。生物学者谓体为结构，谓用为作用。生物个体之结构，演化至某种复杂程度时，即发生相当复杂之生理作用，心理作用不过生理作用之一部分耳。结构与作用既若是其息息相关，既为生物之动静二方面，则决无结构既有参差，而作用独无参差之理。是本属逻辑上所可推论而得，而近十年来心理学之发见，又在在与此推论翕然符合。

有无端偶合之多数人于此，设依其身材之高矮而排比之，最高与最矮者居两端，余居中，则见如量断愈严，偶合之程度愈甚，则个别之情形愈显著；又见无论偶合程度之深浅如何，量断之疏密如何，大率愈趋两端则人数愈少，愈趋中心则人数愈多。试举量断二五八一五人之实例如下（见表一）：

表一

英寸	人数
59—60	50
60—61	526
61—62	1237
62—63	1947
63—64	3019
64—65	3475
65—66	4054
66—67	3631
67—68	3133
68—69	2075
69—70	1485
70—71	680
71—72	343
72—73	118
73—74	42

人类体质之不相等，身材一端如是，其他亦莫不如是，无须一一胪举也。今试观心理方面果有此种变异不平之现象否。

心理测验测儿童之智慧，谓儿童之年龄与智力之发育未必相当，故于事实上之年龄外，别定一抽象之智识年龄，或简称曰智龄。以真实年龄除智龄，则得一商数，为免小数便计算计，复以一〇〇乘此商数，则得数即为量断智力之标准：是曰智商。例如一八龄之儿童，其智龄亦为八，则其智商适得一〇〇；不然者，如其智龄较八为高，则其智商亦高，甚者或为天才焉；如较八为低，则其智商随之而低，甚者为低能或白痴焉。今有多数之儿童于此，试一一加以测验而依智商之高下而排比之，则见智商一〇〇者居最多数，其较高与较低者各递减，至天才与白痴而竭。普通举行之测验，每因人数过少，此种极端之智力每不及见焉。试举一测验九〇五儿童之实例如下（见表二）：

表二

智商	儿童数
60	3
70	21
80	78
90	182
100	305
110	209
120	81
130	21
140	5

由是可知不平等之自然现象不仅于体质之品性为然，于所谓心理品性亦无不然，所不同者因性质有殊而量断有难易耳。故生

物学者有曰，生物界最不变者莫如物种变异之现象，换言之，物种间最平等之一端，亦莫不平等之现象若，而人类不在例外焉。

*　*　*　*

自然平等之说为科学事实所反证，既如上述。然平等二字之喧传于我辈耳鼓间，至今日而弥甚，抑又何也？其为时髦政客之口头禅，其为无知群众啸聚之口号，用意显然，不待深究。顾亦为多数略事学理之搜讨者所乐道，则殊不易索解。兹就各派对于平等二字之见解逐一评断之。

一、基督教伦理学派之“平等”　读耶稣“交银与仆”之喻[1]，可知略识经典之基督徒决不信人类天赋平等之说。然是特教徒在世之论耳。其出世之论则反是。其言曰：人人为天父之子，人人在精神上为昆弟，故无论生活之事实有何差别，在上帝宝座之前则人人平等。此种平等观念，果能完全出世，与在世之社会生活无干，则亦已矣。顾以在世之人言出世之事，居人群之中而虑出天国之上，难免不影响社会生活；故一种宽泛尚同之论，每为宗教家所乐道。尚同之流弊滋甚，时人已有详论之者[2]。此平等观念之不能不驳者一也。

二、政治学者之“平等”　不主张“德谟克拉西”之政治学者，十九绝对不言平等，无论矣。主张“德谟克拉西”之政治学者，十九不主张自然平等，亦无论矣。顾后一派未尝不主

1　《新约·路加福音》第十九章第十一节。

2　《太平导报》第三十六与三十七期。

张所谓法律平等者。其言曰：法律一视同仁，不因人因势而异其行使之效力；法律当前，不徇私情，不阿权贵，唯是非曲直是辨：故曰平等。我窃疑焉。我不疑法律之应否若是行使，我疑平等名词之当否。法律之目的，公道而已，正义而已，行使而当，即合乎公道，不当，即有乖公道，舍此无他义也。且自有社会生活以来，游惰时或暴富，力田不得温饱；残废而妻妾盈庭，健全而终身怨旷，诸如此类不公道之经验亦夥矣；我辈欲一一匡正之，亦将别立资财平等与婚姻平等之名目乎？是必不然。法律之经验何以异是？法之不行，犯法者或挟势挟富而免刑，执法者或阿势徇私而尸位，其无势可恃或刚果以阿附为耻者反惨遭涂戮，甚或沉冤莫雪焉。凡此皆社会正义社会公道沦丧之著例耳，强乎之曰不平等，无乃不伦。谬以法律公道为法律平等，是不可不驳者二也。

三、经济改革家之“平等” 此辈动辄曰经济机会平等。自社会主义发达后，此说乃绝有势力。国内盛行之三民主义之民生主义即以是为出发点。然持此说者有不同之二派。其一为绝对的。有百亩之土地于此，百人分治之，人各一亩[1]。此派如此绝对，亦即绝对不可通，盖究其逻辑，虽不居主张人类自然平等之名，而未尝不默认其实。其真作此种默认者，我侪可搁置不论。其一端否认人类自然平等而一端犹持此种机会均等

1 是特例举一种机会云尔，非真谓社会主义者有此建议也。且事实上正与此例相反。最近尝有人谓革命政府俄顾问鲍罗廷主张保留中国固有之私产制，但土地则宜收归国有。

之主张者，则应自察其矛盾之处与其主义实行后或然之危害。夫以不平等之人享平等之机会，势必至在甲则废人才，在乙则废物利，是徒夸平等之名，而收不经济不公道之实，又岂熟权利害者所忍为哉？且人口论者谓人口之增益速于物力之增益，愈久则二者增益率之相差愈甚；洵如斯也，则以比较有限之物力赡比较无限之人欲，已有不应之势；赡不应求而强赡之已不可，况从而均赡之乎？赡之愈均，则公道愈不可问矣。是经济机会平等之一说，我辈所不能不驳者三也。

四、第二派经济机会平等之言曰：甲有五十分才能，即与以五十分机会，乙有七十分才能，则其机会之大小亦如之；以五十除五十，七十除七十，商数各得一：斯为真平等。我辈于此种立意，自无不赞同，顾于其命名则否。夫以五十分机会发展五十分本领，七十分机会发展七十分本领，以言个人权利，则才能与机会相当，以言社会经济，则人无弃材，物无废利：天下公道之事，更有甚于此者乎？明明求公道，明明得公道，乃舍公道不名，而强以平等名，犹之法律公道之以法律平等名；其不可通一也。名不正则言不顺，是不可不驳者四也。

五、教育理想派之“平等” 此派所尽力主张者曰：教育机会平等；其理论大致与上文经济机会平等之第二说同似，特所适用者为别一生活方面耳。有三分天资，受三分教育，八分天资，受八分教育；立意甚佳，无可訾议，所憾者，公道其实，平等其名，名实不相副而已。作此论者大率仅仅着眼在教育平等四字，故舍命题之不当外，它无大谬。然教育理想派中别有专在机会二字上着眼者，则有类经济机会平等说之第一派，其议论真横冲直撞矣。其言曰：人人应有受小学教育之机会；又曰：人人应有受中学大学教育之机会；一若小学中学大学教育，人人得而受之者，一若机会当前，无人不知攫取而尽其利者，何其溺于理想而昧于事实也？或辩曰：天资之不齐、智力之不一、可教性之不同，固为事实，然我既无法以确定其高下与高下之程度，则舍据“与其杀不辜，宁失不经”“与其挂漏，不如滥发”之原则行事，以求机会之遍及外，实无它道。是论固亦未可厚非；心理测验之学，今尚未臻美备，尚不能确定一人之智力而无遗误。虽然，我犹未见“平等”一名词之用意果何在也。就同一之教育机会而言，例如中等教育，其自身固无所谓平不平，及真与利用之之人发生接触，于是平不平乃显，而不平之例十居其九焉。中等教育之卒业生，其造诣每因人而异，欲求二三人绝对相平者竟不可得。质言之，机会之平不平，胥视众人利用机会之能力之平不平而定，利用机会之能力既人各不平，则徒以机会平等相呼号奔走，亦无意识甚矣。美人达文包氏尝曰：机会，外铄也，善用机会之能力，固有也，不图增益固有之能力而唯外铄之机会是务，是近代作社会研究者之大惑也[1]，信矣。持教育机会均等之论者，如目的唯在教育机会之扩大与普及，则从而力争教育机会之扩大与普及可矣，其平不平固非若辈能力所可过问也。

1　美国优生学者 C. B. Davenport 之演讲词。

教育机会扩大与普及之说固我辈所绝对赞同者也。近年来教育心理学之论断曰：教育之机会愈充溢，则人与人间不平等之现象愈显著。何则？人人得为尽量之发展，而量之不同，得以完全呈露；换言之，人类变异之倾向得如春花之怒放而无顾忌也。目下之教育机会，艰窘特甚，使有百分才能者发展至六十分，使有七十分才能者，或发展至五十分，成就之相差仅十分耳。他日教育机会扩大，百分者乃得为百分之发展，七十分者乃得为七十分之发展，成就之相差且为三十：是则非变目下已然之不平等现象而加厉之乎？提倡教育机会平等者，其目的如在减少人类之不平等，则诚不免心劳日拙矣。我为此言，非有喜于不平等之现象也，特人事既尽，使自然得所位育，无有余不足之病，则不能不认为文化之进阶而引以自慰已耳。

总之，我辈欲求教育之发达，当首求教育机会之公道，如能求才能与机会相当，则效率自高；设不能者，则当本宁滥无阙之旨，求教育机会之扩大与普及，俾穷而有志者得上达而不沮丧。欲求教育机会之扩大，更当求诸社群中生计能力之提高。今教育理想派不是之图，而唯空洞之平等主义是务，是不能不驳者五也。

六、经济理想派之“职业平等” 美国经济学家卡富尔氏*有曰：“试从事于某项职业者之经济的成功，平均与从事其他任何职业者相同似，是不妨谓为职业之平等。”又曰：“设此种

* T. N. Carver，哈佛大学经济教授。

平等而可以力致，则甚善矣。”真可以力致耶？我窃疑之。属于公共卫生之职业，有清道夫焉，有卫生工程师焉；经济报酬上二者之不平，固人人能言之；其天赋能力之不平，则辨认者盖寡。然辨认固不难也：工程师于必要时未尝不能作清道夫之事，而工程师职分内事，则清道夫无论如何不能胜任愉快；工程师之于清道，不为也，非不能也；清道夫之于工程，不能也，非不为也。卫生工程之职业，社会所不可无，清道夫之职业，亦社会所不可无，固矣；然一则社会分子中十之八九类能为之，又其一则十不一二焉。兹一二者将与彼八九者受同等之经济酬劳乎？揆诸供求原理，我恐百世之下犹不可能！

可习为工程师之人不多也。然此种人才原料多寡之象，每为一班提倡社会改革者所漠视，或熟视而无睹，大可怪已。英哲学家与社会主义者罗素尝曰：

> 以医业论。医学之训练，甚费时日，亦甚繁剧；以不识生理不谙解剖之人谬作医师，是以我辈之生命作孤注之一掷，我辈固不能甘心也。就目下之状况而论，医业之预备期愈久，则习医者之社会身份愈提高而合格者愈少。使社会主义得行于世，则形势将一变。病者延医治病，将与延普通工人等，其酬资无特别增益之必要。何则？目下作普通工人者届时或舍工而习医，医师既多，则其值自降，而与普通工值等。……于斯时也，医师之身份将与普通工人之身份同；二人之间，我辈将不谓其高下有分，而谓其

嗜好有别。二者于社会生活，既均属必需，即应受社会同等之礼遇。[1]

罗氏此论，正我辈所亟欲评论者。工人之所以为工人，医师之所以为医师，舍绝少数外，恐非经济能力、社会地位、与意志肯定等原因所可完全解释，最重要之因子仍不外天赋能力之不平耳。此其比较，与上文清道夫工程师之比较正同；欲求其经济价值之相等而无害于公道，我恐任何主义之政治下所不可能。不可能而强之，行见社会上价值标准日趋紊乱，而公道日即于沦丧而已。大屦小屦同价，人岂为之哉！是平等观念之不可不驳者六也。

七、女权运动者之“男女平等” 种种平等声浪中以此为最高；此无它，同一作呼声，而此则情感之成分最浓也。两性之间，结构不尽同，心理亦甚异，其不同之程度实深，生物学者至谓可以两个物种目之。唯其不同，乃得收分工合作之效；人类文化之演进，其仰仗于此种分工合作者实多。此段分工而合作与相反实相成之因缘，今乃岌岌然有不能维持之势，而其朕兆厥为“男女平等”之呼声。

或曰：男女间之历史关系特深，本不应有平不平之争持。今不得不尔者，良以前此共同生活之经验甚有令女子失望者。昔日之女子，职业，不与焉；教育，几不与焉；政治，绝对不

1 “Socialism and Education”, *Harper's Magazine* , 1925.

与焉；举凡男子可以加入之社会活动，女子均不与或几不与焉。反是，家庭经济，唯女子是问；性道德，唯女子是问；生男育女，传宗接代，唯女子是问；举凡役使隶属之事，男子所不屑为甚或不屑措意者，唯女子是问。权利之不与享者如彼，而义务之不能不尽者又如此，宜女子之积不能平，而奔走呼号以自求解脱也。解脱之术唯何？曰，首立男女平等之论是。是乌尔斯登克拉夫脱以来，女权论者一致之口吻也。

然主张男女平等者亦有二派。其一主张绝对平等，其气焰不可一世，几欲举“生殖之不平”而铲除之。此辈之狂热较之主张人类自然平等者犹且过之，我辈可不屑论。第二派曰：男女活动，有其共通之点，有其互异之点，可以共通而强之不共通，可以不必互异而强之必互异，而持此强制之权者复为男子，是妇女问题之所由起而平等论之不能不创也。此派颇近情理，且足为第一派下一针砭：盖第一派之趋势，将尽反历史之所为，强男女间不可以共通者而共通之，强本应互异者而使不互异；前途危害，或不亚于历史之所为也。虽然，我犹未明平等二字之用意也。因贵贱不同，而法律之行使异势，因贫富不一，而教育之成就殊形；若是者，我辈通常名之曰不公道。及至因男女有差，而发生类似之结果，乃独不以不公道目之何耶？是谬以不公道为不平等之又一例，而我辈不能不驳者七也。

八、**人生哲学家之“平等”** 平等观念之最不可究诘者，当推此派。此派所标榜者曰人格平等。平等为一不可知之数，具如上述，而人格又为一不可知之数，宜其不可究诘也。何以知人格为一不可知之数？胡适之先生《中国哲学史大纲》中，尝为孟子之平等论辩护，其意谓：孟子非谓人人之才智德行皆平等，第言人格平等耳[1]。将一人之才智德行除外后，我诚不知我侪所谓人格者果为何物。我所识于人格者，举一人一切品性之和而言也；人我之间，单个品性既有不平，则其和之不能平，自无待言。

或曰：人格平等者谓，同属人类，则人我之间，应有相互之尊崇，而不奴使人，不畜视人，不物玩人而已。是固社会伦理之基本观念而未可或非者。顾尊崇之程度不一；社会伦理亦尝诏人曰：尊崇者社会价值观念之实施也；甲应受几何，乙应受几何，胥视其人对于社群生活之有无贡献与贡献多寡而定，有未可一概论者。英经济学者考檗脱氏尝曰："人之有类别，犹犬之有类别也。……甲与乙，其爵位、资产、培植，无不同也；而其实际之不相类，有若犴之于猩。在动物则分而别之，独于圆颅方趾者，则统名之曰人，而不再为之差别，是祸乱之源也"[2]。斯而可信，则所谓人格者，格以圆颅方趾而已，所谓平等者，同是圆颅方趾而已，别无深长之意义也。所谓不役使，不畜视，不物玩人之道，则恕人体物之原则已尽其说，无

1　且此项辩护亦不能成立，尝在他处详论之。*（*指《孔门社会哲学的又一方面》，见《潘光旦文集》第八卷。——编者注）

2　Wm. Bateson, *Biological Fact and the Structure of Society* 引 Wm. Cobbett, *Rural Rides* 中语。

须别立人格平等之概念以括之也。总之，人格平等之说，论事则不切，论义则过泛，徒供愿人以一种新口头禅，而无裨社会伦理之实际，是不可以不驳者八也。

九、行为派心理学者之平等思想　行为派心理学者未尝直言平等，顾其所持关于婴孩心理之议论固极有平等论之臭味。作者曩在纽约社会研究新校[1]时，得聆行为派领袖华生氏之言论，私心深致疑焉。兹略述华氏与听讲员之问答一二段，以示其说之大有不能自圆者。

华氏曰：与我以一初生或生不逾二月之婴孩，而使我躬任教育之责，我可使成“天才”，若数理家、若乐师、若画师，唯我所欲。座中有人问曰：先生何术以致此？氏曰：是理之至显者，无论何种复杂之行为，一经分析，实不外百余单纯之反应之集合与变互，而此百余单纯之反应，固尽人而具者也；今使调剂环境中种种刺激，使反动之变互与集合各得其当，则相当之复杂行为唾手可得矣。座中又一人问曰：然则先生反对桑达克与推孟等之才能心理学派乎？曰然。又问：先生亦反对智力遗传之说乎？华氏唯否不定，不解答者移时；既而曰：我辈治心理学者仅能以呱呱堕地之顷为研究之出发点，后此种种，即我辈研究之原料，前此种种，则生物学区域内节目，我辈不暇过问矣。问者显然不以答案为满意，续曰：先生以心理学者之地位，不以遗传为重，亦自有理，然我闻不论何种单纯之反

1　The New School of Social Research.

应或反射作用，发生之际，亦因人而有迟速利钝之别，此迟速利钝之别殆不能不以天赋之不同解释之，先生亦恝置不过问耶？先生支吾其辞者又移时，卒未解答。

越二三星期，华氏演讲时对智力遗传之说又下攻击，并再申说任何婴孩可成世人所称天才之理。座中又有人致问曰：先生于智力遗传因人而异之说深致不满；虽然，先生亦认人类形态因人不同，而此不同者可以遗传乎？曰然。先生认神经系、内分泌腺、肌肉、韧带为形态之一部分乎？曰：是不待问。先生认脑部之组织有精粗、肌肉韧带之结构有弛劲、内分泌之作贮有丰损、与其周行有畅滞、而此精粗弛劲丰损畅滞之分亦由遗传授受乎？华氏曰，然。然舌较涩矣。问者最后乃曰：先生既承认此种种，乃谓智慧之心理作用可离遗传之变异现象而别论耶！华氏于此亦卒未解答。

行为派虽未尝以平等之名相标榜，然其议论纵横，足为上文种种平等之说作强有力之护符。社会学者不明生物遗传之真相，近颇有引用其说者，以其貌若不乏充分之科学根据也。虽然，观上文华氏之辞穷，可知行为派对于教育学之基本假定，尚大有不能差强人意者在[1]。我辈既列举平等各说而驳之，则对此种议论不能不略述之以解惑焉。

*　*　*　*

上文种种平等观念或思想，非于事实不切，即于事理未

1　此非对行为派全部而言；行为派之研究方法，极合科学原则，自不待言，此第言其假定之一部分有不当耳。

当；而主张之者不惜竭全力以拥护之，真令人百思而不得其解。抑尝闻之，一概念一名词之发生，不经公众之认可则已，否则即根深蒂固，不可卒拔，初不论其根据之合乎事理否也。常人视之若家珍，若私业，若自我之一部分，不肯遽废，无论已。即在有识见者亦每守护之惟恐不力，即明知其不洽事理，亦不惮强为诠释，以求圆通。此于一般之社会哲学名词为然，而迹涉理想者为尤甚。是平等概念虽不能成立而其名称则至今未废，不特未废，且变本加厉之一大原因也。至政客及其他宣传家口吻中之平等，其旨在博民众之欢心而求自逞，其始终不肯放弃之故，更显而易见也。

中国文化中未尝无平等之理论，而平等之名词与平等观念之传播，则西化东渐以后始有之。西化东渐后类是之赐赍多矣：曰自由，曰人权，曰平等，举皆一二好事者幻想之结果，不足经事理之盘驳者也。降至今日，西方社会已由此类不健全之概念渐求解脱：论者谓七十年来西方社会进步之动力已不复为人权平等各说，而为社会效率之说[1]，自是确论。乃国人不察此种变迁之迹，既拾人之唾余，复从而簸扬之，若惟恐其臭味之不广被者；恶劣概念之奴使人类，而人类堕性之深，甘受其奴使，抑何若是之甚耶？

且上文种种曲解平等之说固未经一般人了解也。略事学问者尚知作条件上之限制，故一则曰法律平等，再则曰人格平

1　此为美国达茂大学（Dartmouth College）比较文化教授为我言者。

等……一般人不暇问此种条件，则直曰平等而已。夫一般人之智力中下，故不暇问者，无能力问也，问且不解。然一般人之欲望，一经有相当之自觉，则每不肯让人，其顽劣者甚或嫉人之胜己；故不暇问者，亦不欲问也，问且识己之不若人而自馁。故一般人心目中之平等犹卢骚创论时之旧，即自然平等论是也。

何以知一般人之平等论为自然平等论？曰，观近百年来各新进国之社会组织与社会价值观念而知之。以言政治组织，有所谓均平选举制者。政治领袖之产生由公民投票，而投票之数不因资格地位而有多寡之分。美国实行此种制度者也，故杜威博士投一票，其寓前日事洒扫之清道夫亦投一票，曾无稍异，而若杜威博士者，又时或适潜心于学问，并此一票而不及投焉。谓此非自然平等论之实施不可也。一国之中，平庸之人居大多数，而中上者居少数，今既人投一票，而中上者或因事冗，不克投票，或明知其意见之寡不敌众，不欲投票；于是平庸之政治主张充塞社会，而一乡之愿人，得因风云际会，一跃而执政治之牛耳矣。美国舆论界之严格者至呼现任总统柯立志为“天下驰名之庸人”，近代美国政治之趋势，于此可见一斑。谓此非自然平等论实施后之效果，亦不可也。

以言经济组织。上文尝论职业平等说之不当。究其实，职业平等亦自然平等之引伸论也。罗素似以为在社会主义政治之下，始有真实之职业平等，殊未必然。今日略有民治色彩之国家大率有此种倾向，且有矫枉过正之势。中国昔日士农工商之社会价值不等，今亦议论纷纭，局势大变矣。职业而真能平等，诚如卡富尔之定义，则亦已矣；实际上则近代职业每视人数之多寡与一时风气之方向为差。故今日美国社会中，商之地位与势力居第一，工似次之，农又次之，而经济上最受打击之职业之一，当推中小学校教员，大学校中资望未深之教授，生活亦常患艰窘。夫教师、商贾、工人三者对于社会国家之责任与贡献，孰轻孰重，原不待较量而后知；今商则利如山积，工亦方日争资金之增加与工期之减缩以自高声价，而从事于文化与教育者则终日孜孜，仅得温饱；此其社会公道为何如，亦不待较量而后知也。一人经济之所入不与其社会价值等比，自昔已然，顾未有如今日之甚者也。此亦自然平等论实施后之效果也。

再言教育与文化组织。美国之大学教育，最称发达，就数量论，大学何止数百所，学生何止数十万人。然二三十年来，大学一般之程度日低[1]，其故安在？教育理想派之言曰，人人应受大学教育以启发其“无尽藏之天赋能力”；于是人人欲受大学教育，人人欲其子弟受大学教育；卒之，大学教育成一种利前程、光门第之不二法门：社会之要求既扩大，办大学教育者自不能不降格以相从矣。比其末流，大学教育几与职业教育不分；大学树人，几与工厂制物无异，言其如出模铸，千篇一律也。真能领会文化之精髓而有所发明，而同时又不为狭隘之功利主义所束缚之大学生，多乎哉？不多也。今满坑满谷

1　见 L. S. Hollingworth, *Gifted Children*, 1926, p.286.

者举皆大学生，则其价值可想见矣。是又自然平等论效果之一部分也。

是犹大学教育耳。以言小学教育，则机械之形迹尤著。一教室中，学生多至四五十人，教员同，教科材料同，钟点多寡同，授课数量同，课余游戏同；所不同者，各人之天资耳。犹之体操，有落伍者，而捷足者不能不为之止步；有蹒跚者，而捷足者不能不为之缓步：一班一级进行之迟速，一视大多数平庸之学生为依归。若是“鹅步”式[1]之小学教育，固维新后我辈所身受目击，不必征诸异国者也。近年来，个别教育之说渐昌，德美诸国乃有天才儿童分别教育之举。德人创办者规模较大，迳名之曰天才儿童学校[2]；美国者较小，名曰“机会班”，或曰“推孟班”，不指明天才儿童者，不欲忤社会大多数人平等之心理也[3]。个别教育之不早发轫，及其发轫而不能得社会之同情：是自然平等论之又一赐也。

总之，今日之政治、经济、文化与教育种种组织之基本哲学，在在无不有自然平等论之踪迹也。有不经之社会哲学，斯有谬误之社会组织，其源不清，其流斯浊矣。今日中外社会问题之日亟而不可理者，岂不以是耶？夫平等论为求社会效率与社会公道而发者也；及其结果，平等之观念愈深遍，则社会效

1 美人 U. Sinclair 尝作 *Goose Step* 与 *Goslings* 二书，专刺美国大学与小学教育之机械性，尽嘻笑怒骂之能事。

2 Begabtenschule.

3 见 L. S. Hollingworth, *Gifted Children,* 1926, pp.296 与 304.

率愈低降，而社会不公道之迹愈显著，诚非卢骚、渥温之辈梦想所及也。不考生物事实、不据人类经验而妄立社会学说之殃祸，我于平等论见之矣。

或曰：当平等论发轫之初，世无生物学，无人类学，更无社会学；学者为学之方法，重臆想，不贵事实，尊直觉，不尚经验；性伪问题之研究方法固不能外是也；今子以今日之眼光，责千百年前之方法，无乃不于其伦？此说我承认之。虽然，我所深怪者，不为孟、荀、卢、渥之辈，而为今之号称学问家者。历史之常识，若辈熟视无睹；百年来生物学人类学发见之种种原则与事实，若辈置若罔闻；生物变异与人类多形之原理流行且五十年，而若辈犹乐道平等论弗衰，甚或作科学原理不适用于人类与文化之说以自封，若则甚可怪已。人性果平等或否，孟、荀之辈所不能不求诸臆想与直觉者，今则生物、生理、心理诸学已能断定之，奈何不一参考之也？

* * * *

驳斥平等之议论尽此。将何以善其后？有二端焉：一曰，昌公道，二曰，励自强。

公道之说上文已再三及之。兹再酌为补充。公道自在人心一语虽不尽确，然公道者，实不乏多量客观之是非标准，使人人得取以衡物，则古今中外同之也。社会进化，社群生活日繁，初则形成若干浮动之舆论，及其固定，乃成所谓“社会良心”者，举凡事物之利弊，人我之是非，莫不以“社会良心”为准绳而定进止取舍与褒贬焉[1]。公道者，社会良心之一部分而已。然则“自在人心”之说，设假以外铄而非固有之条件，不可谓为过当之论也明矣。世之欲求公道者，乃不就固有之社会良心加以提挈，而必创平等、自由、人权一类不经之论，惟恐其不行，又从而润以学理之色彩，蔽何甚也？

上文种种平等之说几无一不可以公道代释之。已往之社会经验：法律之待遇、经济与教育之机会、男女间事权与利益之分配，固未能合乎公道之原则而无间也。视其间而纠正之，则舍提倡真正之公道无由。真正之公道何在？曰，人人认定人类多形之现象，各视其性质与程度之不同而异其权利与义务之支配，达荀子所称“人载其事，各得其宜”之至理，则庶乎其可矣。

平等之哲学，消极之哲学也。不求己之自同于人，见贤而不思齐，而私心唯冀人之降格以同于我；即不冀人之降格，而大声疾呼，徒争平等之名，而不图袪不平等之实；若是者，我徒见其自馁心理之日益扩大而已，于实际生活之促进无裨也。今日中国之社会生活，小之如人己之交谊，大之如国际之关系，几无处不呈露此种不健全之心理。只求人之不出奇制胜我，而我得苟安周旋于其间，相形不十分见绌者，则于愿已足，若是者，固比比也。团体生活中领袖之难产，为今日中国社会习见之现象；或曰，是亦此种顽劣之心理为之厉阶。人人有不肯

1　英之 L. T. Hobhouse 与美之 J. M. Mecklin 推阐此说最详。

后人之欲望，而未必人人有可以胜人之能力，平等哲学正所以济此辈之穷者也。其济之之法唯何？曰，人之彦圣，违之俾不通，使同于我而已！世间此辈既不能令又不受命之人本不在少数，今益之以圆通之哲学若平等论，宜领袖之难产也已。

今欲举一比较健全之心理而代之，有道乎？《易》曰，君子自强不息。演化论之大原则亦曰：竞则进，苟安则退；竞则存，苟安则亡。竞与争不为一事。争者求胜，必先损人，故胜则自肆，败则自馁；竞者以损人而胜为耻，故胜不自肆，败不自馁；故领袖者不骄人，服从者知安分；自强之至意，其在斯乎？君子无所争，而竞固不宜废也。人与人以自强相竞，群与群以自强相竞，而社会不进步者，未之有也。

（此篇原稿见《苦茶》周刊）

五

说“才丁两旺”

（一九二九）

前几天坐了长途汽车到乡间去，倚窗眺望，田野间只有两种有颜色的东西有力量在你心上留下一些深刻的痕迹，打动你一些思潮：一是绿色的稻田和花田，极目数里皆是；一是白色的长方形的小殡舍，星罗棋布似的散在田里，几乎没有一块田是向隅的。稻田和棉花田的绿色以绵续性制胜，教人不由得不留下一些印象；殡舍的白色却以重复性制胜，也不由人不留下一些印象。

小殡舍或厝舍是江南人浮厝的一种方法，十有九个只容得下一具棺材，大约以松、太一带为特多，向西到苏州或向南到杭州一带，便多大殡舍，可以容好几具或好几十具的棺材。小殡舍的浮厝方法虽不及大殡舍，却较浮厝在家里或随地浮厝不加荫蔽的好些。大约中下人家，死了人，家里既限于面积，不能安放，一时又因风水或经济关系，觅不到相当的坟地，便借祖坟的一角，权寄一时；但时过境迁，往往穷年累月，永不安葬；日久由权宜而变为经常之法，浮厝的愈积愈多，就成为陇亩间最显著的一种点缀品了。

我倚了车窗出神（reverie），小殡舍不知如何就成了出神的一个中坚部分。小殡舍是按着棺材的形式和尺寸筑成的，在形式上自然千篇一律没有什么可以引人入胜的地方。但是通气的方法却略微有些不同的花样，浮厝的地方若是特别低下，过于潮湿，小殡舍便不宜直接从地上筑起，要提空一些；这类的小殡舍约占当时视线所及的总数四分之一。但无论提高砌筑与否，十有九个另外有一种通气的方法，就是在殡舍前后两头，砌的时候，留出两三块砖头的空隙。这个空隙，不要小看了他，便是浮厝人家用一些眼光的所在，也就是本篇谈话的缘起了。正合着老子说的“当其无，有器之用”的一句话。

这个空隙不外取三种形式。比较单简的是一个“十”字，前后一样；除非教基督教徒看去，似乎没有什么深长的意味。在皖北，听说又有圆形的，也有作金钱式的。但在这一带，通常都是，前头是一个“才”字，后头是一个“丁”字。这却有很深长的意义了。中国人对于死去的祖宗最尊敬，但是对于他们的希冀也最大，责成他们的任务也最重；才丁两字，一壁自然用作宣泄水分，一壁却是子孙辈对于棺中人的祈求、期望：要他保佑子孙辈“财丁两旺”。才字在这里自然是财字的简写，财字笔画太多，不容易砌，就是砌出了，也未免太露痕迹。这是中国通俗文字里常有的变通办法。

“财丁两旺”，可以说是中国中等社会的一种信仰，一种处世守身的哲学。一地方的人口中，当然中下阶级占最大多数；中下阶级，上文已经说过，多采用小殡舍的浮厝方法；而小殡舍的两头一百个中有九十九个砌着丁字和才字：如此逐步推想，可见财丁两旺的信仰在民间有很普通的势力。一种处世的信仰，要实现他，居然要仰仗死人的臂助，也足见他的深刻和迫切。

在今日的我们看来，有钱财，多子孙，居然可以做人生的理想，实在有些奇特。尤其是多子孙。然而平心一想，摆脱了教育与文化所给我们的蒙蔽，然后再想，这种理想不是绝对容易了解的么？谁教我们把财字看得太死？财是保障个人生活安全的最大权威，广义言之，他就是代表个人生活安全的一个符号。又谁教我们把丁字看得太死？难道真期望子女众多，尤其是男子众多，来做官家征兵收税的工具不成？当然不是。一家人丁兴旺，至少可以教这家的血统不至于中断，推广言之，就可以教种族永久绵延，换言之，丁字就是代表种族生命安全的一个符号。人是生物的一种，任他有挟山超海换斗移星的大本领，他逃不了生物的根性，免不了生物原则的支配，试问生物的欲望，生物的原则更有大于个人与种族的安全的么？财丁两旺的意义在此；外此更没有别的意义。“财丁两旺”的信徒自然也有极端拘执的，他们也许是守财奴，也许以蜂窝般的大家庭为荣，但归根也无非是这两种欲望畸形发展的结果。

但财丁两旺始终只是一个理想，一个信仰，要全部现为事实是不可能的。财可以旺，丁也可以旺，但要二者兼容并蓄，同时都旺，却为事理所不许可。这是一个旧见解，斯宾塞尔发挥得最是详尽，所谓个育与群育不相能（individuation versus genesis）的议论便是。不过斯氏所论是极端广义的。狭义讲来，在这里便是人口与物力的调剂问题。人口太多，物力便不能赡给，要家给户足，可以维持相当的生活程度，人口便不宜过多，也不会过多。丁旺便财不旺，近几百年来的中国社会便始终在这个局面中。财旺便丁不旺，近代西洋社会里的资本阶级便很吃丁口不旺的亏。至于劳动阶级却又丁旺而财不旺了。财富与生殖量恰恰成反比例的统计材料，在西方很不少，姑引一例如下（见表一）：

表一

贫富程度	每女子千人所生的子女数			
	巴黎	柏林	维也纳	伦敦
很穷	108	157	200	147
穷	99	129	164	140
下等小康	72	114	155	107
上等小康	65	96	153	107
富	53	63	107	87
很富	35	47	81	63

这不是极有趣味么？有位著作家说过一句话，来表示财丁不两旺的现象，他说：大房子里住小家庭，小房子里住大家庭。说得干脆极了。

财丁不能两旺，我们大概说清楚了。财旺丁不旺，或丁旺财不旺，都是可能的，却都是不相宜，都是要不得。这一点还要申说一下。丁旺财不旺的不相宜，中国人是吃过它一些小亏的，并且现在继续的吃着，自然不用我多说。但财旺丁不旺又何尝要得呢？了解这层的人却不多，尤其是在那些醉心于生育限制方法的人。要晓得财浮于人，可以引起种种淫靡奢侈的恶习惯，小之可以杀身丧家，大之可以亡国灭种；罗马帝国的末年便有这种情形，今日的美国也有这种情形的趋向。我只记得有两个美国的学者，关于这一点，发过一些议论，一位是心理学家麦克图格（Wm. McDougall），他是一个热烈的国家主义者，危言耸听，也许不免，我们不去论他；还有一位是人口统计家特白令（L. I. Dublin），他以为目下美国生活程度的畸形高涨，是因为财浮于人；生育限制的推广，在今日的美国，适足以助长这种不健全的状态，所以他不大赞成；可称见地独到。革命以来的上海，成了内地殷富者的集中点，便也有这种倾向的表示。

总之，财丁两事的问题，不在旺不旺，而在彼此能不能通力合作，相互调剂。在某种经济能力之下，应当有多大的人口；已有了某种数量的人口，应当有多大的经济能力才可以使人人享受相当的幸福。能够在这问题上通盘筹算、因地因时制宜的人，便是未来的大政治家，便是人类真正的救星，已往的政治家未尝不能富民，庶民，但是富与庶之间，谈不上什么调剂的功夫，所以民生问题之未解决如故！

财丁两旺虽不可能，财丁相旺却是可能的；相字有彼此参考而加以调剂的意味。有了调剂的旺，便不会过火，便入了民生进展的正轨。

* * * *

才丁两旺的意义深长，似乎还不止此。才字通常以为是财字的简写，是不错的。但我们不妨把它曲解一下，把它认作才字本字。才与材通，财与材亦通，孟子不尝说过“有达财者”的一句话么？所以曲解了，在文字上尚有可以自圆之处；无论如何，不曲解便不会再有文章做。只得暂时曲解一下。

研究人口问题的动辄讲人口问题有二大方面，一是数量，一是品质。如今丁才二字岂不恰好合上这两个方面？丁即是数量，才即是品质。谈起人家的家世来，我们往往要问：这家人家“出秀不出秀”？这便是出人才不出人才的意义。以前人不明白血统遗传的道理，把一家人家丁口的多少，人品的才不才，或者推溯到祖宗为善或为恶身上，或者推溯到风水身上。在今日的我们看来，第一种的推溯自然误在把两个同因之果认为前因后果，第二种误在把二个偶然连续发生的事件认为前因后果。

这两种原因的推溯法是很普遍的，上等些人家自然二者兼信，中下人家大都偏信风水一端；不信风水，只信善恶果报的人家，自然居绝少数。相传范文正公觅葬地，既得一地，有堪舆家告诉他说，这是“绝地”，葬了子孙传不下去；范文正公想既是“绝地”，不如由范家占去葬了，免得别人家上当；后来范氏子孙绳绳继继，到乾隆年间，范氏的家谱竟有四十大本之多，可见是“当绝不绝”的结果了！由此可知像范文正公一般的人才才不信风水，但也可以说文正公未尝不信风水，但是他更信一个人若能行善，便可以挽回造化，范氏今日的绳绳继继，又安知不是“深怕他人绝嗣”的一念所感化出来的呢？

我们的话也许离题太远了。但无论如何，小殡舍前方的才字是兼具果报与风水两种意味的。殡舍的里面不就是行过善或作过恶的祖宗么？殡舍的外面不就是风水么？我们既曲解了才字，又何尝不可以作如是观呢？

财丁两旺，上文已说其不可能。才丁两旺，又可能么？根据了近代西洋的统计事实说话，这似乎又是不可能的。大凡一国普通的丁口愈多，人才的产生，似乎是愈受压迫，多不起来。换一种说法，就是，不才的丁添丁多，才的丁添丁少；并且丁与才似乎也成了两种反关联的现象，就是，越才便添丁越少，越不才便添丁越多。试看下面的统计（见表二）：

表二　1911 年英国人口生育量的职业的支配

职业	出生数	生存数
一般人口	100.0	100.0
煤矿工	126.4	120.3
佃工	113.4	119.6
锅工	110.1	107.3
农夫	110.5	109.1
木匠	95.3	98.7
纺工	91.9	86.7
织工	81.2	76.9
非圣公会牧师	79.8	85.0
圣公会牧师	72.0	82.0
教员	70.3	76.1
医生	64.7	67.1

大体讲来，职业是和人们的才力有相当的关系的，大约所谓上等些的职业，就是多用一些脑力的职业，惟有多量脑力可用的人才加入这种职业，加入了也不轻易退出来。要是如此，上文的数字岂不恰好证明才与丁是不能并旺的么？

今日的世界，一般讲来，可以说是一个丁旺而才不旺的世界。这自然是要用相对的眼光看的，要是绝对的看去，古往今来，便从没有过真正才旺的世界，就在将来，任他一知半解的优生学家说得如何天花乱坠，也是不会有的。这是一个丁旺才不旺的世界，我们也未尝没有统计的左证，英国有一位统计大家，叫做皮耳逊（Karl Pearson）的曾经根据了英国、丹麦和澳洲新南惠尔斯的人口统计，算出一个公式来。他说，大凡一代里的人口，对于下一代有子女的贡献的，就是能够留下子息的，百人中只有三四十人。这三四十人的贡献也不一致，有的很少，有的平常，有的很多；这子女很多的人家却了不得，一起若有一百家人家，他们只要二十五家就可以负责生产下一代人口全数的一半！其余一半是不大会生产的人家勉力凑足的。这种善于生产的父母，在全部人口里算来，百人中只有十二个半或最多不过十六个又三分之二人。这不就等于说：下一代的人口的半数，是这一代里八分之一或六分之一的男女所贡献的，其余的八分之七或六分之五不是没有贡献，便是无大贡献？那八分之一或六分之一是什么品性的人？那无大贡献或毫无贡献的人里面，又包含着些什么人物？恐怕前者里面，十九谈不上一个才字，后者里面，真正的人才却占很重要的一角：

只要看上文英国的统计，就可以料想到这一点。其余的国家，分数上也许很有些参差，但大都有同样的局面，或正向着这副局面走去。所以我们说：这个世界是一个丁旺才不旺的世界。

中国一国的局面又怎样？谁都不能说。能说的无非是模糊隐约的话。我们还没有相当的统计材料，也没有在这方面脚踏实地用一些心思才力。丁旺一层，自然是不成问题，外国人估三万万，小学生嘴里说四万万，本国的人口学者说五万万，中东路上的俄国人说也许是八万万（见英文《北满与东省铁路》一书），万万之数不同，其为旺也则一；以目下的物力，养二万万的人口，还怕说不上一个赡字，遑论不止二万万？

至于才呢？上文既说过才丁不能两旺，中国恐怕不是例外。就一般而论，中国今日人才缺乏，是谁都承认的，至于中国缺乏那一种的人才，或为了什么才感到人才缺乏，这就议论纷纭，不衷一是了。关于第一点，有一位许仕廉先生依据某君的调查（某君何人，许先生未说，无从复按）说："论智力，在西洋，五级中以第二级（即平常级）占大多数。在中国，第一级（即特优级）的人，比西洋分数高；而第二级的人，则大不如西洋；第三级至第五级（即下等的、鲁钝的、最愚的）的人，比西洋多。一国的兴衰，靠中等社会人；今中国上智下愚多而中等少，无怪乎中国社会，呈一种非常神经状态"（《国内几个社会问题讨论》，页九四—九五）。这也许都说对了。但不知某君和许先生果何见而云然。又不知所谓"非常神经状态"又是什么一种状态。据我看来——反正一样的缺少根据——要是分了级层说，中国今日所缺少的却是第一级，而第二级，所谓中等阶级的，却独多。我们至少在今日社会生活的二大方面上，可以看出来：

一是在智识生活方面，缺少出类拔萃的发明家或学问家，而喜欢弄弄学问或借了学问的幌子来号召的人却真不在少数。要是真如某君所调查，第一级人比西方分数高的话，试问何以时至今日，中国人在文化生活上，依然在在仰人鼻息。比日本如何？中国人与西化接触，不在日本后；日本人文化背景里种种势力，若封建，若宗教，若阶级，要比中国更陈旧，更顽固，何以他们摆脱得却快？若说日本地狭人少，改革的设施容易普及；那末中国土地虽广，因为人口多，第一级的人物自然也多，分配起来，岂不一样？这一类俗语所谓“生姜汤自暖肚”的话，我们近来耳朵里灌得几乎发痛，但于事实何补？

第一级的人，不但为数少，而且似乎太少变化。几千年的选举和科举制度替中国保养了不少的人才，这是到了今日谁也不能轻易否认的。现在所有的第一级的人才，怕大部分还是科举制度保障得力的结果。但这种人才是不是多方面的人才，是不是凡属人才，都已经被甄别选拔出来，因而一同得到保障的好处，那却不敢说了。数理的天才、音乐的天才、机械的天才、对于自然界有特殊兴趣的科学天才……都已经受科举的甄拔么？唐代开科最多，甄拔的人品也许比别的时代要多；但是其余所甄拔的无非是文章经济的长才，最多不过再讲上道德二字，便一切可以概括了。其他特殊的人品，既不受甄拔，日久便渐归淘汰。美国哈佛大学有一位教授，叫做伊士德（E. M. East）的，讲起中国人口统计的缺乏与不可靠，不禁说：中国人对于数学一道是不擅长的。我恐不擅长的，还不止数学一道咧。

今日中国第一级人才的缺乏，更可以从团体生活上看出来。大凡上级的人品善领袖，下级的人品善服从；中级的人品，则依违两可，视当时当地人口的成分和教育的程度而定。所以若是上级与下级的成分比较相对的大，一个社会里的团体生活便比较稳定，政治组织等等比较巩固。若是中等人物特多，而又未经过什么特殊的训练，社会里便多许多“既不能令，又不受命”的人；这种人对于团体生活，不但不能帮忙，反添一种障碍。我以为今日中国就吃这种人的亏，上自国家政府，下至学校里的学生组织，或商人合组的公司，都因为谁都想坐第一把交椅而又坐不稳的缘故，常要发生问题。我说这段话，并不是说中等人多了一定坏事；将来团体生活的经验比较丰富之后，他们也会陈力就列的；现在美国的中等阶级就是这样，他们人数未尝不独多，但因为第一级的人不算少，他们自己也有了相当的训练，便可以相安无事了。中国目下团体生活的不健全，一半也是家族生活畸形发展的结果（对于家长或主人的服从而外，不识服从为何物；家长式主人式的命令与指挥他人而外，不识领袖为何物）；但一半却因既不能令又不受命的人太多。西洋人说，音乐队里谁都想吹第一管笛子，却又吹不大好，这音乐队就得散了。今日的中国很像这个音乐队。

至于第二点，为什么中国感受到人才的不旺，一时也无从多说，因为事实的证据太少。天然淘汰要负一些责任，读者如已看过拙译亨丁顿氏的《自然淘汰与中华民族性》（现入本书第三辑*），对于这一点，便不难领会。文化的选择或淘汰当然也有它的分，但怕不多，我希望将来有机会从详讨论这一点(参看下文末章)。上文讲的科举制度便是文化选择的一派有力的势力。还有第三种原因，就是把具有十九世纪以前的旧背景的中国骤然放到二十世纪的世界里，要教他立图适应，自然要感觉到扞格不入的痛苦；好比教中国式的学究先生越过纽约的第五街，即不压死，也要闹一个神经错乱，这并不说他没有脑经，不过因为四肢五官的神经筋肉一向舒泰惯了，急切紧张不起来罢了。我有一位亲戚和一位父执，都是六十多岁的老先生，有一次要从先施公司越过南京路，到永安公司一边去，据说足足走了两点钟，岂不吃力？不过我们不宜把这第三种原因看得太重，上文不提过日本么？他不是一样走过车水马龙的闹街么？他却用不到两点钟就走到了。由此可知才字的精意不但在能适应，而且在适应得要有效率。即使我们迟早终会适应，效力却已太差了。这总是人才不旺的表示。

财丁不能两旺，才丁也不能两旺。要一般的人多，又要有才的人多，是不可能的。事实上可能，也是今日的世界、尤其是今日的中国所亟亟需要的，是有才的丁口要相对的加多，无

* 指《人文生物学论丛》第三辑《民族特性与民族卫生》，见《潘光旦文集》第三卷。——编者注

才的丁口要相对的减少。这就不叫做才丁两旺，却可以叫做才丁偏旺了；才与丁在这里不是两种对待的人物，却成为一种了。优生学家说：我们要提高优秀分子的生育率，要扩大优秀分子生存与发育的机会。这就是才丁偏旺四字的注脚。

* * * *

才丁两旺的信仰是过去的了。才字如当作财字讲，便应该作才丁相旺。才字如作本意讲，便应改作才丁偏旺。几百个小厝舍，二十分钟的出神；从死人想到活人身上；从一个通俗的信仰想到一个当代最迫切的社会问题：结果如此如此。

（此篇原稿见《新月》第二卷第四期）

六

优生与文化

——与孙本文先生商榷的一篇文字（一九二九）

在孙本文先生的《文化与社会》一书里，有一段讨论到优生学的文字，标题为《文化与优生学》。这本来是一篇短篇的文章，早就交给泰东书局《社会科学杂志》第三期发表的；因为杂志脱了期，读者反得在孙先生的论文集——《文化与社会》——里得到先睹之快。

读了孙先生的议论，可知他从文化人类学或文化社会学的立场，对于优生学，不能不取一种很严格的批评态度。他认为优生学说根本有四个错误。

（一）“误以人与动植物同等看待”。

（二）“误以文化影响为生物特性”。

（三）“误以智力测验法为足以辨别先天优劣”。

（四）“误以财富与势力为判断能力优劣的标准”。

优生学是一个幼稚的学科，它的错误当然不止一端，有人处比较客观的地位，能彀把它们指摘出来，在治这派学问的人当然是十分欢迎感激的。不过我以为就优生学最近十余年的历史，和它的现状与趋势而论，它的谬误却并不在孙先生所提出的四点上。请分别与孙先生商榷之。

一 “误以人与动植物同等看待”

优生学家并不把人与动植物同等看待，也并不想利用改良动植物物种的方法，去改良人种。据我见闻所及，比较有资格的优生学家里面，谁都没有表示过这种意思、这种主张。十多年前，优生学说开始流行的时候，一般人不甚了解它的真意义，从而加以种种主观的猜测，孙先生所过虑的这一点，便是当初主观的猜测之一种。到了后来，“优生学家将人比畜”一语竟成为反对论者攻击优生学的口头禅。有宗教成见的人更簸扬其说，对于优生学家否认的论调，置若罔闻，却一口咬定“优生学家将以蕃殖动植物的方法适用于人类”之说。当时不可理喻的一种情状，很像反对演化论的人一口咬定演化论者前尝假定而后经放弃的“人类自猴子直接演化”的说数。一般感伤主义的改造家与文学家，一向把恋爱与婚姻看作绝对个人的事，神圣不可侵犯，对于优生学家，自然也不会有什么好感。他们也往往援引“将人比畜”的口头禅来肆意攻击。例如一九一四年美国《大西洋月报》登载过一篇文章，题目是《优生学与常识》，中间有一段开头便说：

优生学将人比畜，欲其蕃殖如畜类然……。推此而论，一旦优生学家得志而为政于天下，试思数世后之人民将何若耶？殆将魁梧奇伟，白皙丽都，舍在运动会与赛美会中供点缀外，将无所用之；且旦暮必有医士——优生之医生——为之看护；将不至全无脑经，不识恋爱，怯于公斗，艰于生育不止……。优生学家不言恋爱。彼不知恋爱为何物，彼直不知世界为何物。

这种口气当然不像批评，却像说笑话。不过那位作者对于优生学的误解却碰巧与孙先生的误解，一般无二。

因为这种误解非常普遍，后来讨论实用优生学的人，便不得不特别加一些“辟误”的笔墨。例如美国人韦更（A. E. Wiggam）于一九二三至一九二四年间著了《科学新十诫》一书，为优生学当说客，就不说什么是优生学，而竭力辨白什么不是优生学；他总共说了十四个“不”，中间有一个是：“优生学并不主张用蓄育禽兽的方法来蓄育人”！

优生学家不主张以育种的方法育人。他们却主张借重目下种种社会制裁的势力，例如教育、宗教、舆论、法律等等，使人口中比较优秀的部分可以提早几年结婚，多生几个儿女；同时使比较不优秀的部分减少他们的婚姻率与生育率。前者比较积极，后者比较消极。优生学家认为积极的方面比消极的方面尤为重要。开创优生学说的英国人戈尔登不很早就发表过一篇讨论这一层意思的文章么？那篇文章的题目是：《论法律与舆情现状下改良人种之可能》(The Possible Improvement of the Human Breed under the Existing Conditions of Law and Sentiment),曾于一九〇一年十月在英国人类学会里宣读一次,现在在戈氏《优生学论文集》(*Essays in Eugenics*)里排作第一篇的就是。三十年来,优生学家所主张的实施方法还不出戈氏所提出的几点。试问在目前的法律与舆情之下,我们可以适用养鸡畜狗的方法么?其不适用,何消说得!

但是我们应该注意,优生学家虽不主张以育种的方法育人,优生学一部分的原理却是完全从育种的经验里得来的。至少,优生学家因为目击动植物育种的好处,才悟到人类自身有自觉的选择的必要。相传古希腊诗人泰乌格尼斯(Theognis)很早就从育种的经验里悟出一些优生的道理来。他做过一首诗,大意说:

> 我们寻觅好种的山羊、绵羊、和马;我们想专从它们蕃育出下代的山羊、绵羊、马来。但是一个好人,因为贪图妆奁的丰富,不惜和一个劣等的女子结婚;一个好的女子也不惜嫁给一个劣等的男子。因为人们看重财货,所以男女结合,就良莠不分。我们的种族已经着了财迷了。

后来有人(Stobaeus)替这首诗下注脚,说泰乌格尼斯作诗的本意不在批评财可通神的婚姻制度,却在责备人们对于自己婚姻生产的事,甘居下流,不事振作。这个注脚是很对的。近代关于优生学的著述也十九引育种的经验做一个楔子，更是数见不鲜，无烦征引了，(例如去年*十月才出版的 Leonard Darwin，*What is Eugenics*，落笔就讲养狗的经验。)

二 “误以文化影响为生物特性”

孙先生认为在优生学家的眼光里，这两件事物是不分清楚的。这也未免太瞧不起优生学家了。优生学家——像其它学问家一样——多少不免有他们的“蔽”，但平心而论，总还不至蔽到这般田地。优生学家并不是不分清楚文化影响与生物特性，他们实在觉得这两件事物有些分不清楚。不分清楚与分不清楚是两件事。文化社会学家——除非是他只顾片面的事实——又何尝觉得它们完全分得清楚呢？换言之，谁都不能不承认：没有一种文化的影响没有些少的生物特质做它的张本，也没有一种生物特性多少不受些文化影响的支配。

孙先生说：“动植物惟有生物性，而人类则有文化。文化是人类的产物，而人类亦是文化的产物。”这是很对的。孙先生既承认文化是人类的产物，当然承认它不是一种凭空的虚构，乃是根据了人类比较独有的生物性，才发生了的。文化后期里的种种小节目，自有其累积性，好像和生物特质没有多大关系；但是文化初期里种种基本的成就，和后期里比较大一些

---

* 指 1928 年。——编者注

的节目，例如大发明大发见，我们不能不承认他们和人类的生物特性有多量的因果关系。奥格朋（W. F. Ogburn）教授论文化的累积性最详，但也未尝不承认新发明一半要靠天才，便是此意。（参看孙先生自己的笔墨，《文化与社会》，页一三〇。）

孙先生接着说："人类自呱呱堕地而后，处处和文化接触，处处受文化的影响。我们所见人类种种方面的活动，全都是受着文化影响以后的表现。"孙先生这番议论里却有不少的毛病。我们要认清楚，人类生物特性的发展，并不以出母体为终点，真正的终点却在出世二三十年之后；身体的各系统，有的长足得早些，有的晚些，例如神经系统的长足，便在出世后二十五年上下（参看，例如 S. D. Porteus，Temperament and Mentality in Maturity，Sex and Race，美国《应用心理学杂志》，第八卷，第一期，1924 年 3 月）。在这二三十年之内，一个人当然到处受文化的影响；一种生物特性，一面循了遗传的命定，利用物质环境里的营养料，不住的发展，一面也不住的接受文化的影响；初看上去，好像他受了文化的刺激与督促才发展的；文化影响和生物特性根本不容易分清楚，就因为这种同行并进的现象。但是我们只要参考其他高等动物的发育史，例如猿类，或古人类的发育史，就可知一种生物特性脱离母体后的向前发展，以至于完成，初不系乎文化的影响；即使没有文化的影响，他未始不继续走它发展的路。猿类的生物特性，也并不是生来就可以完全表现的，不过他完全表现的日子，要比人类提早得多罢了。古人类的文化很浅薄，远不如我们今日的文化，但是古人类在形态上发展的程度，未尝不如我们，有的并且在我们之上。总之，文化的影响固然普遍，一个人在他很长的发育时期（自婴儿以至成人）里，伸缩性确又很大，容易接受文化的影响；但是我们千万勿被这种事实蒙混了，以为人们一出母胎，身体的结构和作用上所发生的变化，都是文化影响出来的。

孙先生的议论，实在有些抹杀。我们只要举一两个极浅显的例子，就可以明白人类种种方面的活动，并非全都是受着文化影响以后才表现的。婴孩初出母胎，便知吸食乳汁。吸食乳汁不能不算作“人类活动”之一；但试问他是不是受了文化影响以后才表现的。人们到了春机发动期前后，便有性的思慕、追求，进而至于性的结合；试问这种活动又是非先受了文化影响不能表现的么？孙先生似乎因为太看重了文化的影响，竟把这种极浅显的事实忘了；要不然，他决不会用“种种”“全都”一类笼括一切的字眼。

我们目下商榷的一点，简洁了当的说来，实在就是本能的有无与强弱问题。这是一个大问题，也是一个悬案，我们不能在此从详讨论，就是讨论了，一时也不能有什么结果。我不明白孙先生在这个问题上的立场究竟怎样。我自己则采取比较折中的说数：既不赞成麦克图格派的本能命定一切论，也不赞成行为心理派推翻一切本能的议论。但是承认一种动物的演化地位愈高，它的本能的组织愈松散，愈容易接受环境的影响，在行为上的表现愈不一致，愈有变异。美国吴伟士教授说得好：

“若说人类本能的倾向比别的动物要少，那就错了；也许比任何别的动物要多。不过人类的本能行为不像下等动物的现存和呆板罢了。”（R. S. Woodworth，*Psychology: A Study of Mental Life*，p.111）这种说法，和上文讲的生物特性与文化影响不能绝对划分的道理，是一样的。

孙先生紧接着又说道：“并不是人类先天就有种种能力，使他不得不有种种方面的活动。”这句话我们更觉得不敢苟同了。治人品遗传学的人，常讲“能力”二字，也许犯一些太笼统太着痕迹的弊病。譬如说：“某人天生便有音乐的能力”，我们觉得有些突如其来，不大合乎事理。但若说一个人天生就有发音的能力，就有分别音节高下与徐疾的能力；这大概谁都可以承认吧。不过一经承认发音辨音的能力是天生的，实际上就等于接受音乐能力出乎先天的说数，因为音乐能力原是发音辨音等能力之和。接着也就可以承认发音辨音一类的能力不免因人而有强弱精粗之分，所以音乐的能力也就不等，上焉者为天才，下焉者为遗传的“调聋”。即就此音乐能力一端而言，我们就不妨说：因为人类先天有音乐的能力，使他在相当的物质环境和意识环境里，不得不有音乐的活动，浸假成为音乐的艺术、音乐的文化。

优生学家或人品遗传学家所讲的天生能力，大都类此。例如数学的能力、绘画的能力、机械的能力、甚至于弈棋的能力，莫不有相当的遗传根据。能力（ability）这个名词，因为太着痕迹，他们近来已经不大引用，而改用 aptitude，可以译作能性。但无论能力或能性，他们的着眼点总是在遗传的基础上，而不在后天的文化影响上。我在此用“着眼”二字，指优生学家并没有忘却后天的文化影响；不过兴会所及，不能没有偏重罢了。但是在文化社会学家方面，对于先天的种种能力或能性，却大有掉头不屑一顾的态度，坐使二派学问彼此不能携手，互相启衅，这是我认为很不幸的。

孙先生以为优生学家误将文化影响当作生物特性，也许因为他看了戈尔登（F. Galton）、霭理士（H. Ellis）、乌资（F. A. Woods）诸家的著作，开口讲遗传的才智，闭口讲才智的遗传，真像文化里种种用脑力的活动都是经生物的顺序直接遗传下去似的。读者注意：这是我对于孙先生的猜测，并非谓孙先生心坎里确有这种印象。不过这种印象是很普通的，记得我当初看这几家著作的时候，也未尝不觉得，戈氏霭氏一班人有些一相情愿，太没有把后天的熏染放在心上了。如今我却明白，戈氏等讨论遗传的天才，如诗才、文才、吏才、律才、甚至于将才等等，并没有说每种才具都是囫囵吞枣一般的遗传下去，却说：凡是这一代在文化社会里做过诗人、文士、循吏、法家、或大将的人，在脑力上、智力上、性情上自有其与众不同的先天根据；而此种根据，既属先天，自有遗传与下一世的倾向；而受此遗传的下一世，在与上一代大致相同的文化环境里，也便有做诗人、文士、循吏、法家、或大将的可能性；而这种可能性并且要比在同一环境之内的一般人要大些。这种说法，我想谁都可以承认，因为承认了，一面的确可以解释许多但凭文化原因所不能解释的事实，一面却也不犯“不辨生物特质与文化影响”的嫌疑。

三 “误以智力测验法为足以辨别先天优劣”

关于这一点我们先要说一句声明的话。智力测验的方法并不是优生学家发明的，乃是教育心理学家发明的。不过及其既已发明，二派学者觉得彼此有相须相成的地方，所以就欢然合作起来。所以优生学家在这一点上，至多不过“误信”（诚有如孙先生云云）了教育心理学家话，上了他们的当，此外没有很大的毛病。

现在要辨明优生学家究竟“误信”了没有。

读了孙先生的文章，可知据他的见解，智力测验法是不足以辨别先天的优劣的。足与不足，姑且不论。有几个先决问题，不妨先行提出。第一，世界上究属有没有“智力”这样东西？第二，“智力”究属有没有遗传的倾向？第三，人与人之间，智力究属有无高下？对于这三个问题，我想孙先生大概都可以答复一声“有”。我们玩味《文化与优生学》的一段引言，也觉得孙先生对于这几个比较基本的问题，大概是都有正面的答复的。

如此，我们不妨接着问：这种智力的高下，要是能够预先加以估量的话，岂不是一件值得欢迎的事？我看是值得欢迎的。我们从前在政治生活方面，很早就有“用当其才，人称其职”的一种攸关社会效率与社会正义的理想；但是这种理想至今未能充分的实现。为什么？因为无法“量才”。以前从政的人未尝不讲求“量能授官”（语出荀子）的道理，但是没有比较正确的量断标准，便量不出什么结果来。如今要真有比较正确的标准资为量断，自然是可以欢迎的。这层意思，孙先生当亦首肯。

还有一个先决的小问题。无论天生的智力若何，一经与文化接触，而表现为智识生活，便不容易把先天的部分辨别出来，隔离出来。这固然是不容易。但决不至于绝对没有办法，是不是。孙先生对于这一点，我想也可以承认。

现今流行的智力测验无它，就想在人力可能的范围里，用比较客观的标准来量断人们的天赋的智力。“姑无论其所用方法的武断悖谬”(孙先生语)与否，在原则上至少是未可厚非的。在动机或目的上至少也是不错的。这一点，平心而论，我想谁都可以承认。

我不习教育心理学，更不是智力测验的专家；孙先生不满意于智力测验的话，我不能一一详细解释，解释的责任自在专治这一派学问的人，也不用我的晓舌。不过若说智力测验所用的方法“武断悖谬”，则孙先生似乎很犯一些责人重以周的嫌疑。智力测验家在测验的时候，往往不能不用文字、和其它文化生活中的事物，作为凭借，至少不能不用语言，来传达被测验者应当履行的手续。在这种地方，逃不了文化的影响，是无可、亦无庸讳言的。一个幼童，在受测验以前，多少已受过文化的训练，这也是无可、也无庸讳言的。但若说因此而测验方法“所测验得的，是文化的影响，而非先天的能力”，便真近于武断了。创制测验方法的人，用了全副精神来隔离文化的影响；隔离是不容易的事，当然不会完全成功，他们测验所得，至少总有一些不是先天的智力，而是后天的训育。这种“或多或少”的批评是很对的，从事于测验的人一定也准备接受这种批评；但是孙先生那种“不是便非”的批评，却教人不能接受了。

事实上，智力测验方法的可靠性，有好几重保障。第一，凡是一种用得的测验方法，一定受过相当的标准化(standardization)。至于标准化是什么一种手续，说来话长，只得请读者自己去参考关于这个题目的专门著作了。第二，两种不同的测验方法，若有相当的可靠性，所测验到的结果，一定相差很近；换言之，两种方法的效率，虽不相谋，却有很高的正面的相关现象。第三，教育学家采用智力测验方法后所得的实效的确很大。这一层保障我认为最关紧要。经验告诉我们说：一棵树好不好，只要看他所结的果子。近世实验主义者的价值论，不主抽象的是非，而主实际的效用，正是此意。智力测验方法究竟验得出先天的人品优劣与否，我们不专治此学者大可不必过问，我们但须问：自从此法流行，至今将近三十年间，我们在社会效率与社会正义方面已否得些以前未曾有过的好处。我们得到的答复是，很直截爽快的，“已经得到不少”。

社会对于智力低下的儿童，因为可以预知其低下，不能受普通的学校教育，便不再浪费人力、金钱、功夫在他们身上；只教他们一些单纯的技能，可以在社会里勉强做几个生利而不专分利的分子。这不是增加了社会效率么？社会对于智力特别优秀的儿童，因为可以预测其优秀的程度，便及早把他们从一般儿童中间挑剔出来，分别教导，使不受普通学级里平庸的或低劣的儿童的牵制，使可以充量的发展、尽率的发展。德国战后设立的天才儿童学校（Begabtenschule）和美国小学校里特辟的所谓机会班（opportunity class），已都有相当的成绩。这种设施不是不但增加了社会效率，对于优秀儿童自身，因为能彀因人制宜，不更有助于正义的实现么？推孟教授在一九一六年叙述测验方法的功用一层，已经有很确切的论证（L. M. Terman，*The Measurement of Intelligence*，中译本名《订正比纳西蒙智力测验》，华超译，商务印书馆《世界丛书》之一）。十余年来，又不知加上几许可作证据的材料。著作甚多，有心人尽可复按。

当初在美国攻击智力测验最不留余地要算是孟根（H. L. Mencken）了。这位批评家的一支笔，着实有些可怕。不过最近几年来他的态度变了。无论他的成见怎样牢不可破，笔墨怎样犀利刻薄，终究挡不住日积月累的证据。下面是他两年多前的供词，引来聊供参考：

> 读者至此，自然觉得我和所谓智力测验者在挤眉弄眼。是的……。我如今只好承认，时光和经验已经把我征

服了，教我不能不归向他们，因为赞助他们的证据，已经慢慢的堆积起来了。换言之，他们的确发生效力。（*Notes on Democracy*，p.11）

“他们的确发生效力”，也就是优生学家所以置信于智力测验方法的最大理由。看了实在的效力然后相信，便不是误信，也不会误信。

四　“误以财富与势力为判断能力优劣的标准”

这第四点，优生学家并不承认，更没有主张过。误与不误，一概与优生学家无干。

优生学家至多说过这样的一句话：财富的多少，与能力的优劣，不无些少相关之处。这也是有了相当的统计材料才说的。承认甲乙两种现象有些相关，是一件事。引甲现象的变异作为乙现象的变异的指数或标准，又是一事。二事岂宜并为一谈！

若就中国的经济状态与文化背景而论，优生学家对于财富多少与能力优劣二种现象之间，便更不敢骤下相关的断语，遑论以前者作为后者的标准？我以前在《人文生物学论丛》第一辑里早就讨论到这一点，并且我曾经说过，一样要用一个标准，职业可以用得，财富却用不得：

西方的学者说，资产的多少和智力的高下也是有正面的相关的。此说在天惠丰厚、人人有相当职业的美国社会也许很对，在中国却未必尽然，因为中国的生计窘迫，品致高一些的人不屑与民争利，转而形成君子安贫的道德观；所以穷书生之多，为他国社会所不经见。如以财产作标准，穷困的世家当然归入下层阶级里，但如以职业作标准，这种世家便属第一流了。(《人文生物学论丛》，第一辑，初版页二〇一*)

我以前讨论利用生育限制法应当有的标准，也提到过这一点。读者如不厌琐屑，请许我再提一次，以示优生学家决没有以贫富定优劣的意思：

经济阶级不能作为选择的标准，是很明显的，尤其是在人口过剩、物质不够支配的中国，尤其是因为中国人是有一种安贫乐道的人生观的……。社会身份，即一般的贵贱阶级，不完全由资产之多寡而定，似乎要比贫富阶级可靠一些。中国人很看得起穷书生，说他门第清高，看得起穷官员，说他清风两袖；孔门论学，至有君子固贫之说；反过来，却极看不起“暴发户”，说他得的是不义之财，走的是侥幸之路，预测他不能持久，子孙也不能守成，也竟时常说对了。能超脱物质的环境而言社会身份是一件很

* 即《优生概论》，见《潘光旦文集》第一卷，第301页。——编者注

优生亦很难能的社会习惯。（同上，页二九三—二九四*）

孙先生在这里所用的“势力”二字，不知究指什么。若说势力大小，便指职业高下，也便指社会身份的尊卑，则我在《人文生物学论丛》第一辑里已有过比较详细的讨论，认为与能力优劣有很显著的相关，并且征引了不少的智力测验的统计，以为左证；恕我不在此处多赘了（同上，页一八九—二〇一**）。以测验统计做左证，也许孙先生依旧不免用“误信”二字来轻轻搁过，但是我很希望，经过上文一番商榷之后，孙先生对于智力测验的态度，已经可以温和一些。

认职业高下与才力大小为有显著的相关现象，当然也只是一种统计的看法，一种平均的看法，并不是以为凡是职业地位高的人，势力大的人，一定才力大，否则才力一定小。决不是。从统计得来的结论，不能适用于个人；这本来是无须说得的。然而孙先生竟有下列的可异的论调：“优生学家又往往认经济事业的成功者，为社会上的优秀分子……”。但这还可以，因为“往往”二字有和缓语气的力量；接着的几句却真可诧异了。“凡是社会上拥有财富、地位、或势力的人，便是先天能力优秀的人。反之，凡是社会上贫穷、失势、或无社会地位的人，便是先天能力劣下的人。这种见解的错误……”不必再引下去了；这不知究竟是谁的见解，谁的错误！评论优生学家的真正

* 见《潘光旦文集》第一卷，第 356 页。——编者注

** 见《潘光旦文集》第一卷，第 295—301 页。——编者注

的谬误可，强加优生学家以莫须有的罪名，却不可。

*　　*　　*　　*

我要和孙先生商榷的话完了。我所说的，无非是为优生学说辩护的话，已经说得很多，比孙先生批评的话多了好几倍。我对于文化社会学派矫枉过正的地方，本来也有些少要批评的话；但此文已经够长，自己已经觉得有些累赘，留待以后有机会再说。

（此篇原稿见《社会学刊》第一卷第二期）

七

优生婚姻与法律

——论《民法亲属编·婚姻章》之优生价值（一九三一）

民法中关于婚姻之条文，自第九七二至第一〇五八，凡八十六。就中不无优生关系者为下列若干条：

第九七二　婚约，应由男女当事人自行订定。

第九七三　男未满十七岁、女未满十五岁者，不得订定婚约。

第九七四　未成年人订定婚约，应得法定代理人之同意。

第九七六　婚姻当事人之一方有左列情形之一者，他方得解除婚约：

四、有重大不治之症者。

五、有花柳病或其他恶疾者。

六、婚约订定后，成为残废者。

七、婚约订定后，与人通奸者。

八、婚约订定后，受徒刑之宣告者。

第九八〇　男未满十八岁，女未满十六岁，不得结婚。

第九八一　未成年人结婚，应得法定代理人之同意。

第九八三　与左列亲属，不得结婚：

三、旁系血亲之辈分相同而在八亲等以内者，但表兄弟姊妹不在此限。

第九九五　当事人之一方于结婚时不能人道而不能治者，他方得向法院请求撤销之；但自知悉其不能治之时起已逾三年者，不得请求撤销。

第一〇五二　夫妻之一方，以他方有左列情形之一者为限，得向法院请求离婚：

六、夫妻之一方，意图杀害他方者。

七、有不治之恶疾者。

八、有重大不治之精神病者。

十、被处三年以上之徒刑，或因犯不名誉之罪，被处徒刑者。

右若干条文所引起之问题，归纳之不外四端：（一）婚姻年龄，（二）婚姻裁可，（三）血缘远近，与（四）当事人之生理与心理品性：

属于（一）之各条为：九七三、九七四、九八〇、九八一。

属于（二）之各条为：九七二、九七四、九八一。

属于（三）之各条为：九八三。

属于（四）之各条为：九七六、九九五、一〇五二。

今就此四端分别讨论之。

一、年龄问题。余曩在《中国之家庭问题》* 中曰："以十七岁上下为女子最适当之婚年者有二原因：一为母之受孕力大，二为胎儿之育力大，即流产或哑产者少；以二十至二十四岁为最适当者有三原因：一为产母死亡率之低，二为盘骨发育之完成，三为婴儿死亡率之低……二者相权之结果，我辈不妨定二十或二十前后两三年为女子最合宜之婚姻年龄。"男子发育完成较女子迟四五年，则以二十五上下为宜。法律不能不取最低限度，今以十七十五为男女最低订婚年龄，十八十六为男女最低结婚年龄，与生理状况发育程度自不能谓不合，于前途子女之为生，亦可云已有相当之保障。或谓法律第能限制过度之早婚，而不能劝禁过度之晚婚，犹未能尽保种滋大之责任。为此言者不失诸责备过严，即误在迷信法律。纠正上流社会迟婚倾向之责，宜归诸教育、舆论、与人生哲学；原非法律分内事也。

订婚与结婚之间，可有一年之距离，亦不可谓无优生之效用。欧美风尚，以为订婚后宜早日举行婚礼，其意盖谓设有延搁，中途当事人之一方或发生变卦，或双方过从太密，名为订婚，实则已入结婚状态，要皆非福利之事。曩日国民政府法制局签拟之《亲属法草案》，即师其意，规定男女订婚与结婚之最低年龄同为十八与十六。殊不知婚姻首重选择，选择端赖观察；观察而当，则朝订约书，夕行婚礼，亦无不可；观察而

* 见《潘光旦文集》第一卷。——编者注

不尽当，则订婚后一年之内，犹可有考虑之机会，甚或悬崖勒马，彼此分手，亦未为晚；不然者，大错既成，纵可诉诸离异，还我自由，而终身幸福，已遭剥蚀，他日回首前尘，私怀已不能无耿耿矣。昔赫胥黎与其妻订婚七年后始成婚，相知愈深，情爱弥笃，我辈固不期人人有此好耐性；然设瓜代之期而不能待，则亦不免太无耐性矣。太无耐性者观察必不周，抉择必不精，终必自贻伊戚而后已。

二、裁可问题。律谓订婚结婚由当事人自行定夺，但未成年者应得法定代理人之同意。未成年人之辨别力，尚未成熟，有父母或监护人参加意见，共同决定，可较细密，而免后悔：用意固属甚是。惟何谓成年？男女成年之年龄同乎异乎？《婚姻章》中不著明此点,《民法》中他处有之，似男女同为二十岁。此则我辈尚以为不无问题。男女发育之速率不同，大率十九至二十为女子发育完成之年龄，而男子则须至二十四至二十五，体力智力始告充盈。故任二十岁之女子自行择婿可，任同年龄之男子自行择妻则不可。前者法制局所拟《亲属法草案》，于此端颇能体会，其第十六条曰：

> 结婚由男女当事人自行决定。但男未满二十五岁，女未满二十一岁者，须得父或母之同意。父母死亡或不能表示意思时，须得监护人之同意。

其说明书中复曰：“在实际上，女子之身体与智识，发育较早，故本案规定男未满二十五岁，女未满二十一岁者，须得父母或监护人之同意，以期周妥。”最近施行之《亲属法》半以此草案为张本，惜于此端未能采取，岂立法诸先生笃信男女平等之说，乃并此显而易见之分化状态亦熟视无睹耶？

婚约由当事人自行订定，揆诸情理，未可为非。惟晚近所以必使当事人自行订定之个人主义之理论则极不健全，有不能不加訾议者。常人往往以婚姻为二个个人之事，以为婚姻之成败，所牵涉者不过二人。当事人作为是观，动辄曰“终身大事，终身大事”，固不足深怪，乃社会全般亦袭用此种观念，不欲多所过问；今则并国家法律亦认此为绝无问题：则不能不令人剔然于时代思潮之靡远弗届而随波逐流者之多也。男女因性欲之吸引，图一夕之欢娱，其稍稍有人情者，或能留连至数月数年之久，吾人称之曰姘识：若是者谓为二人之事可耳。婚姻之事，申之以契约，重之以仪式，所期者白头，所责者子息，社会生活之治乱所系，种族命脉之荣替攸关，其绝对不仅为二人之事，又何待多辨？

然则社会与法律将剥夺当事人自决之权利乎？曰否。社会与法律宜于容许此项权利之外，别设教育、指导、与最后裁可之机关，以补婚姻法令之不逮。于此种机关未能成立以前，教育、指导、甚或裁可之责，仍宜由父母帮同负担，即成年者亦当以多得指导为宜；缘当择婚之顷，情令智昏，贤者不免，成年未必为抉择力成熟之保障也。此实为当今社会教育应尽之责任。法律于此，自不能有明文之订定，至多亦只能于条文之中暗示提倡之意。惟遍检《亲属编·婚姻章》全文，不见“父母”字样，第曰法定代理人，则并此暗示之效力亦不可得耳。全章中袭用习惯上称谓之字惟“夫”与“妇”；八十六条中，专论夫与妻之财产关系者多至四十四，占全数之大半。真若婚姻生活，丝毫不干第三人事者。夫法律原为社会生活之产果，亦为维持社会生活之原因，今则几完全为个人乐利主义之哲学所垄断；婚姻原属一种生物的行为，保种滋大，胥于是赖，今则几完全成一种经济的够当：是则舍不能暗示婚姻须受老成人指导之微意外，最近施行之婚姻法尚别有令人惘然觖望者在也。

三、血缘问题。第九八三条包含三项。一为直系血亲及直系姻亲不得结婚。二为旁系血亲及旁系姻亲之辈分不同者不得结婚，但前者如在八亲等以外，后者如在五亲等以外，即不在此限。三为旁系血亲之辈分相同而在八亲等以内者不得结婚，但姑舅表兄弟姊妹或姨表兄弟姊妹不在此限。此三者之中，一与二可云不生优生问题。何以知之？曰，由第三项末尾之除外知之。表兄弟姊妹可以结婚，即所以示其他血亲之不得结婚者，非因生物学上有何绝对不可通处，其终不许者，顾全社会习惯，为社会秩序计耳。为婚姻立法，而能于生物与社会二大方面，分别兼顾，洵为一大进步。前此之《亲属法草案》未能也。美国为优生学说流行最早之一国，然至今（一九二四年止）各州法律不许中表通婚者，犹在半数以上（余曩在《中国之家庭问题》中称三分之一，误）；以我与彼较，诚后来居上矣。中表通婚之利弊，余前在《家庭问题》中论之綦详，去岁立法院签订《亲属法》时，余又尝就《中国评论周报》之篇幅力言禁止中表通婚之有弊无利*，以供当道之参考：今兹第九八三条第三项之除外，未始非采及刍荛之结果。

中表婚姻之结果，就种族全般而言，固有栽培倾覆之效，但设就个人与家庭而言，遇有劣种分子之产生，亦未始非一种惨痛之经验。欲预防此种经验，则凡属先世有隐品遗传之劣点者宜彼此回避，而欲知隐品之存在与夫回避之方，即不能不借重专家之调查与指引，而上文所提出之指导机关尚矣。设不欲预防，而欲补救，即容许不良分子之产生，及其既经产生，复于家庭之外，为之别筹安插，则社会即不能无低能院、癫狂院一类之设备，俾得尽其天年，而使恶劣之品性与之俱尽，不复为种族害。此在欧美各国，固早有行之者。总之，社会为种族计，仅仅于法律上容许中表通婚，犹未尽提撕将护之责，必同时设置种种预防或补救之机关，庶几可以收汰弱留强之实效耳。

血缘远近不一，最近而可以发生婚姻关系者为中表，最远而能发生婚姻关系者则为蒙古利亚种以外之人。生物学者称异种为婚为远婚。新出之婚姻法于此端并未齿及，亦不可谓无见地。自生物方面观之，远婚与近婚同，本身不生利弊问题，我辈对于其他种族，亦无好恶之成见，法律于此，不置可否，宜也。惟远婚自有其社会与文化问题，亦非轻易可以解决者，其

---

* 见“Consanguineous Marriage and the Law”，*The China Critic*, Vol. Ⅲ，No.26, June 26, 1930. ——编者注

宜否提倡或劝禁，关心国家治安者仍宜在他方面熟加考虑而不宜听其自然也。

四、当事人品性问题。归纳各条文所得之四端中，我辈于年龄及血缘二端认为适当，于裁可一端不能无微词，以为立法者过于受潮流之簸荡，而未能借重科学原则以自拔。今对于第四端，尤不能不深致不满。可分数端言之。

第九七六、九九五、一〇五二等三条非不斤斤于婚姻当事人品性之健全也，顾其注意所及，第在婚约已成，甚或已履行之后，而未在婚约未订之前。约言之，即法律但知于事后取缔，而不知于事前防范。有花柳病之男子于此，彼果善自掩饰者，不特未尝不可订婚，且亦未尝不可成婚；及其既婚，其恶疾自终不免于败露，然大错已成，为之妻子者早经沾染，前途无论离异与否，一生幸福固已剥削垂尽；其病菌之侵及神经系统者，且成一种不治之精神病，名曰"全身性之不全麻痹"，则直生不如死矣。此种法律即为个人福利计，又岂得谓之考虑周至？至若不早败露，或败露而妻子姑息，则流毒所至，且及子孙，轻者失明，重者不育，及至法律出而干涉，已不能挽回造化矣。法律但知取缔，不事预防，殃祸可以至此，此一端也。

九七六与一〇五二两条所载明之解约与离婚原因殊失之笼统不切实用，且若与种族卫生前途，无大裨益。曰重大不治之症或重大不治之恶疾；果重大至何种程度，如何始可云不治，何种疾病始谓之恶，皆不易答复之问题也。设余为法官，而有人根据此种原因而为解约或离婚之声请者，余诚不知如何措置。若曰婚约原不得请求强迫履行，一方欲解约时，亦无须向对方为意思之表示，即可解除，则九七六条所载各项情形即不啻具文，无关实际矣。此笼统与不切实之论也。低能之人不能订立婚约，既订亦可撤销，欧美先进各国之法律，大率有此明文；乃今兹之婚姻条例中竟未道及只字。低能为一种遗传品性，其为重大不治，固夫人而承认之，然既非恶疾，又不能与癫痫同入于精神病之列；其程度较高者（例如 moron，有人译作朦胧）未尝不能为婚姻生育之事；试问社会将以何法绳之乎。此无裨种族卫生之论一也。种种癫狂之中有名文武循回癫（manic-depressive psychosis）者，并非完全不治，但日久往往复发，虽不复发，其癫狂之倾向未尝不可下遗子孙。律中所谓重大不治之精神病（一〇五二条第八项），亦包括此一种否乎？以通常之目光观之，固非重大不治也。此项情形发生效力后之优生的结果，适与九七六条下第六项（订约后一方发生残废情形，则他方可以据为解约之理由）发生效力后之结果相反。前者貌若无害，而实则有害，后者貌若有害，而实则无害。何则？癫狂之倾向可遗传，而后天获得之残废不遗传也。此无裨种族卫生之论二也。

总之，九七六与一〇五二两条载明之种切，貌若于种族之健康，有莫大利益，实则大有未尽然者。其所以如此者，实缘立法之初，为种族设想者少，为个人幸福设想者多耳。至其它可为解约与离婚之原因，若犯奸、意图杀害、与徒刑宣告等，虽亦不无优生之效力，然大率亦为个人福利而设。犯奸犯刑之行为，虽不能遗传，而其行为之根据半为意志之薄弱，亦自有其生物之基础；此种人操守失度，不应进而进，应止而不止，斯有侵犯他人之行为，优生学者称之为自制力薄弱者（feebly-inhibited），其不宜于婚姻生育，固与低能者不相上下。惟推立法者之原意，犯奸、杀害、徒刑宣告，盖与出外生死不明等，皆为履行婚姻生活之障碍，不得不引为解散之条件，初未必计及其行为之倾向或有遗传之根据也。

余为此文，目的在示种族卫生之观念在今日尚未深入人心，国家立法者犹且知一而不知二，挂一而漏十，其他无论矣；非谓法律条文一经优生化，即可跻种族于优良健全之域也。婚姻生育之事，先之以本能之冲动，重之以浪漫之情绪，历来之文学、艺术、宗教又为之张罗推挽，今欲其于个人乐利之外，兼顾种族之乐利，扩大其眼光，转变其目的，固非法律所可胜任万一者矣。彼低能、癫痫、与夫自制力薄弱之辈，冲动之来，虽斧钺当前，刀锯在后，固不能禁其性细胞之不结合也。彼迷信恋爱神圣、恋爱绝对自由、恋爱绝对无条件之辈，方且假神圣、自由、不讲条件之名，以满足其一时之欲念，法律又岂能一一与以当头棒喝而导之入正轨哉？虽然，国家对于此两种人，非绝对无应付之方：前者可入留养机关，使两性间无自由结合之机会，甚者或须绝其生育之力；后者则惟有委诸相当之性教育与专家之指导。而欲教育与指导发生普通效力，亦非有政府之实力为之后盾不可。欧美近渐有婚姻咨询处之设立，身体健全家世清白者于焉可领取结婚许可状，否则即在被摈之列。是则优生婚姻之实现，虽非法令所可一蹴骤几，终必仰仗社会与国家制裁之力而后已。余今兹之求全责备于中国之婚姻律法者，盖亦谓设婚姻法律能充分容纳种族卫生之观点，则此种制裁机关可较容易实现，其行政措施，亦可因法律之帮衬而较易收效耳。

（此篇原稿见《新月》第三卷第九期）

八

姓、婚姻、家庭的存废问题

（一九三〇）

一

四月十九日*《申报》的《全国教育会议特刊》里有一段绝有趣味也是绝有意义的新闻，如今照录于下，只字不曾更动，连标点都仍旧，因为报馆的记者既不免有忽略疏漏，要再加上调动，稍不经意，错误必然更多，去真相必然更远。

昨午

立法院之盛宴

▲解决姓婚姻家庭问题

十八日午刻立法院胡林两院长、邀请全体会员到院餐叙、到会员蔡元培李石曾吴稚晖蒋梦麟杨杏佛等百余人、

* 指1930年。——编者注

胡展堂林子超邵元冲等作陪、席间胡展堂致词、略述立法院同人、欢迎诸位会员、因立法与教育关系至为密切、立法院只可在党的立场上订立方针原则、至详细的教育方案、须赖各位专门家之制定、所以在立法院同人、对于各位会员、有很大的希望、同时对于诸位的辛苦工作、甚为感谢、兄弟对教育系一外行、只有在日本学习过三个月的速成师范、已是三十三年前事、回国从事教育工作、同时做革命工作、前后做过两次、每次只有三个半月、均因革命关系失败、此后对教育工作、只有望洋兴叹而已、教育与革命的成功、关系至巨、教育家应具有革命的精神、同样革命家亦应明白教育的道理、初无二致、今天讲了许多废话、不能供诸位的参考、诸君吃了些不好的东西、恐怕不能消化下去、现在立法院的某同志、站在立法的场上、提出了三个问题、请诸位教育家赐教、或许可以助诸位的消化、且敬各位一杯水酒、祝诸位的健康〔、〕将三个问题、提出研究、

第一　姓的问题（一）要姓？（二）不要姓？（三）如要姓、应系〔从〕* 父姓、抑应从母姓、

第二　婚姻问题（一）要结婚？（二）不要结婚、（三）如要结婚、早婚或迟婚有无限制？

第三　家庭问题（一）要家庭？（二）不要家庭、（三）

* 此段引文中，〔 〕号内是引用者更正或增加的字或符。——编者注

如要家庭还是大家庭好、还是小家庭好、

次由会员公推江苏教育厅长陈孟钊致答词、略谓今日承立法院盛宴招待、深为感谢、胡先生系教育大家、并且是革命的教育大家、从三十三年前直到现在、处处没有忘记过教育、时时在教育方面做工夫、是我们的真正革命的教育导师、仅代表同人请求、(一)胡先生到会场来给我们讲演、(二)立法院各位革命先进法学专家指导我们的工作、今天适值国民政府成立纪念、请借胡先生们的一杯酒祝胡先生的健康、并高呼国民政府万岁、以后开始讨论、三个问题、兹为节省篇幅、将各会员所解答的、分别问题记录如次。

第一　姓的问题(一)钟荣光有姓好、没姓也好、从父姓好从母姓也好、胡庶华女生为姓、大学里如有女生便要姓、如没有女生便不要姓、(记者按胡先生的学校好像是没有女生、那末大可不用姓了)张默君为维持社会社序应有姓、可听儿女的自由择姓、但以父母的姓为限、不能姓父母以外的姓、吴稚晖要也好、不要也好、有得人请我吃时便要姓、没得人请我吃时便不要姓、蔡孑民、不要的好、用父的姓不公道、用母的姓也不妥当、还是不要的好、可以没〔设〕法用别的符号来代替、李石曾、姓的问题自近于自然科学的问题、从生物学的人类宗系学方面称〔认〕为研究人类的遗传与进化姓似有保存的必要、但姓的如何保存乃系另一问题、定名方法可以随时改进的、蒋梦麟、这是时间问题、五十年以内姓是要的。

第二　婚姻问题（一）钟荣光、不要结婚、尤其是教育界的人一个都不要结婚、如已结婚的、便不要生子女（二）胡庶华、反对不结婚、说假如不结婚便没有后代的青年、那末教育家的饭碗问题、便要摇动了、（三）张默君听人自由、看各人环境如何而定、（四）吴稚晖、结婚的好、因为有人结婚、才有人请我老头子证婚、我才有得大贵〔吃〕、（五）蔡孑民在理想的新村里以不结婚为好、在这新村里、有很好的组织、里面有一人独宿的房间、也有两人同睡的房间、跳舞场娱乐室种种设备应有尽有、当两人要同房居住的时候、须先经医生检查过、并且要有很正确的登记、如某日某时某某同房居住、将来生出子女、便可以有记号了、李石曾与家庭问题、合并解答、因这两问题、均近于社会科学问题、甚为繁复、伸缩力大、从现教方面讲、和蔡先生甚表同情、婚姻制度和家庭的制度、均随社会而演进、将来的解决、一定均趋于缩小的途径、婚姻缩小、至于不结婚、家庭缩小、至于个人的生活、同时或须有合作社性质的组织、如蔡先生所说的一样、总之这是演进的东西、不能有肯定的答案、事实方面、现在已逐渐的向解决方面演进、如这位谭仲达先生的结婚、已废除一切婚礼、便是一个例证、进化是哲学和科学所共同的、宇宙一地〔切〕、都是进化的、一切问题、都归纳到科学的公理、道义是科学的、一面也是进化的东西、解决这几个问题、也不能为例外、八蒋梦麟、五十年内结婚是需要的、五十年后、有人说那时性病便已截止、〔那〕末不结婚也不成问题了、第三家庭问题、一钟荣光不要的好、二吴稚晖不要的好、不要就可以专吃别人的〔、别〕人、也不来吃自己的了、三蔡孑民不要的好、不得已而思其次、小家庭比大家庭好、四李石曾（见第二问题）五蒋梦麟、五十年内是要的、至要大家庭或小家庭、应视经济社会发达的情形、在农业社会需要大家庭、在工业社会需要大〔小〕家庭、到五十年后、便是另一问题了、到五百年后、那末更不可思议了、席终胡展堂先生谓、今日聆各位先生的高论、吴先生谈事实、蒋〔蔡〕先生谈理论、李先生谈科学、蒋先生谈时间、对于我们提出的问题、都有很好的解答、足供立法院的参考、谨以杯酒答谢、散席后、并就立法院花园内摄影、以留纪念。

以前常有人告诉我说，当代的思想家言论家著作家里很有几个无话不谈而且谈去总像有不少的权威似的。有一次有一位朋友去听某思想家言论家著作家的演说，中间忽然讲到民种的改良，据说，只要多种树或其他绿色的东西，种族处遍地油绿的环境里，可以得到一种潜移默化的势力，而日臻于优良健全的境界。当时我的朋友吓了一跳，他心里自忖着：要是这是改良种族的不二法门，那末，热带丛林里的猿猴，甚而至于著名不图上进的树懒，早该兼程演进，赶出我们人类了！这一类同似的议论，近年来实在不少，我们似乎在别处听见过，提倡体育可以直接改良种族，提倡医学卫生，也可以直接改良种族，甚而至于禁绝鸦片，也可以直接改良种族。

不过我久不到南京，去文化中心的地域很远，平日没有机会听见许多这一类的议论。有人转告我的时候，要是太离奇突兀，出人意表，我也不轻易置信。不过这一次立法院的宴席上，关于姓、婚姻、家庭的种种意见，除了一部分不可避免的记载与印刷的错误而外，谅来不是向壁虚构，然其离奇突兀的程度，似乎并不在“多种树可以改良种族说”之下，不由得不教人吃惊。惊定了，忍不住要替他做一些分析。

讨论时发言的有钟荣光、胡庶华、张默君、吴稚晖、蔡孑民、蒋梦麟、李石曾八位先生。新闻里说被邀赴宴的有百余人之多，而发言的只有八个；还是其余发言的人讲得不中肯，报馆的记者认为不值得记载呢，还是当时的确没有第九个人发言呢？而其余各位先生的不发言，还是因为一向潜心学问，不惯交际式的谈话呢，还是因为他们觉得“立法院的某同志”所提出的几个问题都是比较很专门的，不要说专攻教育的人，就是社会学家，一时也轻易不能答复，所以才守口如瓶呢？这些我们都不晓得。但是我们很希望当时是后面一种的自觉在那里活动，才教发言的人，没有超过八个。

关于姓、婚姻、家庭的种种问题，固然是尽人而有或尽人可有的经验，大家多少有发言的资格；但他们终究是社会学范围以内的问题，论理应该取决于社会学家。中国的社会学界也不算没有人，听说两个月前他们还召集过一次年会，成立了一个全国的社会学会。如今“立法院的某同志”不向他们征求意见，却向教育界讨教，岂不是隔靴搔腿，不着痒处么？

如今要看隔靴搔腿搔不着痒处，毕竟搔了别的什么地方。

第一，关于专门说笑话的议论，可以搁置不论。例如吴稚晖先生讲的姓和吃饭的关系，结婚与证婚的关系，又家庭和吃自己或吃别人的关系，又如胡庶华先生讲的姓与大学女生的关系，又结婚与教员饭碗的关系，都是纯粹的笑话，于“或许可以助消化”以外，无关宏旨。

第二，依违两可之辞，说了等于未说，也可以搁置不论。例如钟荣光先生论姓之存废与父姓或母姓之从违。

其余的议论，因为多少有些肯定性，我们不妨提出来略加分析。

先说姓的存废问题。研究社会学和社会问题的人，认为社会不但是一个横铺的东西，也是一个纵贯的东西。换言之，他有他的历史的背景。因为横铺，所以有部分的联络性，因为纵贯，所以有因果性、绵续性。社会改造家切心于改革，至多也只宜因势利导，向着比较近情的目标做去；要是取断然处置的方法，说，社会里的某部分，因为有种种的不惬意，非囫囵的铲除不可，不要说说时容易做时难，即使暂时做到了，社会的联络性绵续性一经截断，一定要引起许多纷乱，结果，走了几步不免又走回来，所谓开倒车的便是。饮酒的弊病，似乎是许多人承认的，不饮酒的好处，也似乎许多人都看得出来；但是若用“禁”的方法来处置，不但是徒劳无功，还要制造许多笑话出来，例如十年来的美国。最近美国某大杂志举行一次民意测验，赞成完全开禁或有条件的开禁的人超出反对开禁的二倍有半。论者谓这是美国酒禁问题早晚要开倒车的先声。改用阳历的问题，总算是很小的了，但是要在短时期内，用律法来督促他全部成功，却也真不容易。上海四马路上和租界别处沿街叫卖黄历的人生意一年好似一年。

姓的问题，一则不像饮酒，似乎没有什么生理上的害处，再则不像阴历的使用，也似乎没有什么不方便的地方；既无害处，更无不方便，不要说废除起来要加倍困难，我们实在看不出究竟为了什么要废除它，为了什么要提出要与不要的问题。有人说法律是民意的结晶，大众对于某问题的意旨，先有了相当的成熟性与确定性，然后立法者引为制法之根据，这种律法才比较健全，比较可以持久；如今“立法院的某同志”，观风所及，不知得了多少根据，教他对于姓的存废问题，亟切要求一解答。

姓在中国至少有三千年的历史，姓分为氏，氏分为族：后来统称为姓，此中变迁，并不是凭空的，并不是少数有权力的人强制命定的，实在是各时代里政治的、经济的、甚而至于自然环境的与生物的种种势力推移鼓荡而成。从母得姓或从父得姓又何尝不是如此？商代以前，也许是姓从母得，后来生活渐趋固定，自游牧经济进而为游农经济，男子居家时多，渐变为从父得姓。但是真正的父系制度到西周才算完全成立，商代的氏族社会还是行“以弟及兄，以子继辅”的承袭法。战国以后，封建解体，比较严密的宗族又渐成为后此的大家族。自后二千余年间，社会生活无大变动，不要说一人姓的确定未生变动，家族组织的全部，也就未尝有改易的需要。晚近社会生活重心渐自农业移至工商业，风气所至，小家族的制度日渐推广。但是近年的关于家庭的种种变迁，大都是涉及实际的生活方面，即在如何可使家庭生活不阻碍个人的充分发展；而于比较浮面的改革，例如姓的废除与得姓从母方或父方的决定，就一般形势而论，似乎还没有感觉到有什么必要。

各位教育家关于这个问题发言得最近情的自然是张默君先生，她说“为维持社会秩序应有姓”，是很对的。大家在切心于改革的当儿，似乎最容易忘记社会生活原有两方面，一是求进步，一是求安宁，二者缺一不可。姓的存在，不但没有什么不方便，并且是有维持秩序之力，其不宜骤然舍去，不问可知。有许多心理学家谓女子比男子要脚踏实地，要少谈空洞的理想，多看眼前的事实。这种比较论不知果有多少根据；不过这次八位教育家的议论里，碰巧只有张先生这一句话是最最实在，岂不是很值得注意么？至于她主张姓的从母从父，由儿女自择，似乎以维持社会秩序之志愿始者，结果不免以破坏秩序终，未免美中不足。她的所以有此主张，推测起来，似乎是因为拘执了男女平等待遇的说数。若然，她便和蔡孑民先生的地位很相近。

蔡先生说，姓“不要的好，用父的姓不公道，用母的姓也不妥当，还是不要的好”。因为要维持男女的绝对平等，再四思维，乃不能不出于废姓的一途。蔡先生的用心也太苦了。其实打开天窗说亮话，两性间不平等的事体真多着呢，而这种的不平等里，未必男子必占上风。研究死亡统计的人告诉我们，差不多不论任何年龄里，男子的死亡率要比女子为高，女子就在生殖年龄以内，生产的经验虽繁剧，也未必比同年龄的男子死得多。论者谓这是男女根本上体力不平等的最重大的表现。这种不平等，试问向谁算账去。试问这种不平等与姓从父而不从母的不平等，比较轻重又如何？况且从父得姓，既是一种习惯，所以调剂与整饬社会生活者，已历数千百年，在此时期中，女子未必因此而吃过多少亏。如今万一实行废姓，所得的至多不过是一个抽象的理论上的平等待遇，而所失的，也许是社会全部的安宁和秩序；要是我是一个脚踏实地的社会改造家，有人拿了十个百个抽象的理想来交换一个实际的社会生活的安全，我是不要的。不是脚踏实地的人原不能做真正的改造工作。蔡先生是比较脚踏实地的思想家，所以反复说来，最后还落了一句废姓之后“可以设法用别的符号来代替”！既仍须相当符号来代替，废姓之举，岂不是“庸人自扰”？

李石曾先生是一位演化论者，而且好像是“陆谟克派”。他倒是始终没有离开演化的观点说话，这是值得注意的。姓的问题虽未必接“近于自然科学”；“生物学的”、“人类宗系学”、“人类遗传学”的研究，虽与姓之存废无大关系，因为即使废姓，血统的联络总有法子可以记载，不成多大问题；但是社会的现象也未尝不受演化原则的支配，所以李先生最后的“姓似有保存的必要”一语，毕竟是不错的。蒋梦麟先生的时间论，好像也是当笑话提出的，他说“五十年以内姓是要的”，以后大约就可以不要了。蒋先生说了不止一次“五十年”，在他的社会进化观里，似乎五十年是一个自然的阶段，好比孟子讲“五百年必有王者兴”一般。我想蒋先生，像吴老先生一样，一定不是当真的，是说笑话！

关于婚姻问题。钟荣光先生的话，说得很肯定，大概是当真的。果尔，我们不必多说，我们只要请钟先生参考近年来欧美各国关于种族卫生的著述。我们真不晓得，教育界的人不结婚，谁该结婚；不生子，谁该生子。美国电话发明者贝尔氏说得好，你们不要怕种族自杀，种族是不会全部自杀的，因为比较优秀的分子不结婚不生子，自然有别人结婚生子，来填他们的空。不过到那时候种族虽不自杀，文化怕就要销声匿迹了；到那时候，不要说岭南大学没有开着的必要，就是全部教育事业，连教育会议在内，都可以关门大吉！张默君先生“听人自由”之论总算还去情理不远，不过她也应该参考参考种族卫生家的议论，要知道婚姻生殖，是人口中比较优良分子对于种族国家应尽的义务，而不止是个人生活里的一二项目，可以任情取舍的。优良分子而绌于经济生活，国家社会应当设法替他解决，好教他或她的比较优良的血统，不致于断而不可复续，这才是正当的道理。

蔡先生论婚姻的理想，真是美满极了，无奈行不通何，无奈与社会的联络性绵续性太相刺谬何？蔡先生至少听见过美国奥那埃达的宗教新村吧。这个新村前后只有几十年的历史，内容竟和蔡先生所提出的大同小异。新村的领袖叫做诺埃斯的，凭借了自己和别人（大都是至亲好友）的宗教热诚，终究还不免于失败，到后来只剩得一个合股公司；我们正不知蔡先生将凭何种大力叫他的新村可以实现，可以持久。蔡先生的理想新村里，居然还注意到父的身份的确定，因为他说“当两人要同房居住的时候，……要有正确的登记，将来生出子女，便可以有记号了”。说来容易，殊不知得胎的日子未必就是同房的日子，要确定将来父子的关系，男女两人相处，应该有相当持久性；可是一有了持久性，立刻就触犯了婚姻的忌讳。所以真正要废除婚姻，除非是实行无条件的乱交，不要说夫妻关系不必确定，就是父子的关系也无须确定。不过试向演化论者探听探听，和人类比较接近的高等动物，连鸟类在内，有多少是乱交的？人类初民的经验里，今日的野蛮民族里，有过真正的乱交么？反过来，再探听探听，现行的一夫一妻或一夫多妻的制度，还是伊甸园里上帝命定的呢，还是一二人像宓羲、姬旦用酋长权或君权确定的呢，还是有相当的生物背景、心理背景、社会背景，教这种种制度不由得不产生呢？李石曾先生便可以答复这几个问题。蔡先生自己是中央研究院社会科学研究所民族组的组长，谅来决无不了解这一点初步的社会学智识之理。不过蔡先生一则曰姓“不要的好”，再则曰“在理想的新村里以不结婚为好”，抑何对于民族学的原则与资料，不加参考乃尔？难道研究是研究，实行是实行，理想是理想，三者真是绝对划分各不相谋的么？因为这三者各不相谋，因为从事于这三种工作的人如秦人之视越人肥瘠，才造成今日这种思想混乱、是非真伪漫无标准的局面！

接着蔡先生的议论，就是李石曾先生的。他始终坚持着演化的观点；不过说也奇怪，他“和蔡先生甚表同情”，我们诚不知同情的根据何在。演化的程序，固然有由繁而简的趋向，但是若拘执了由繁就简的原则，以为将来社会的单位必为个人，可以无须婚姻，无须家庭，便是村学究的见识了。实则有生物训练的社会学家，始终认识婚姻和家庭的基本地位，它们组织上的细节目，容因时地关系而有变动，但是一夫一妻的原则和所谓基本家庭的组织（父母子女），不说生人以来，就是自有猿类以来，始终维持着；婚姻族（moiety）、图腾族、宗族、大家族，分析到底，无非是基本家庭堆上了许多枝叶；群婚、一夫多妻、一妻多夫，又无非是一夫一妻配合的基础上，砌上了许多浮面的结构，来适合一时代一地方的环境。演化的过程中，枝叶可去，浮面的堆砌可去，但是基本却未曾动摇；这并不是说此中有甚天经地义，动摇不得，不过一经动摇，不说社会生活难以维持促进，就是种族的前途也就藩篱尽撤，保障全无了，胡庶华先生讲的教育家饭碗打破，毕竟还是小事咧。

蒋梦麟先生讲婚姻存废与家庭之大小，又以五十年为期！社会生活也许像太阳的黑痣、地上的雨量、商业的盛衰，有一定的时期性；但是一时殊嫌材料不足，无从制为定律；至于年限的长短，普通除了预言家外，社会学家更不敢轻置一辞。至于五十年之后，又何以见得花柳病可以灭绝？据别的医学家或社会卫生家说，近年来的性病，正有加无已；例如美国伊利诺埃州，每年达到成年的丁男（二十一岁）约有一百十万人，这一百十万人里，到三十岁光景，至少有一半以上便已染上花柳病。这便是婚姻生活不确定的结果。如今蒋先生说五十年后花柳病灭绝后，可以不要婚姻，岂非奇论？

社会学界的人，对于这一类问题，向来过于缄默，本来是不相宜的，但一半也因为这一类的题目，影响及社会全部的组织与秩序，非先有充分的准备，不便乱说，乱说了纵没有害处，至少是废话。但是他们一面自己暂守缄默，一面很希望当代其他学问门类里的权威不要越俎代谋。中国求学问的精神，向来主博不主专，但是这种精神，用之于今日，势必至无一而可。在发为议论的人也许自以为随便谈谈，但在青年视听集中于少数权威身上的今日的中国，他们未必肯当随便谈谈看，何况在发言的人自己都不认为随便谈谈呢。即如这次立法院筵席上的一番议论，除了吴老先生的笑话，和钟先生模棱两可的话以外，其余都不像随便说的，至少可以代表几位先生平日见解的一部分，一个很基本的部分。这许多话中间，除了口头的废话照例不算外，几乎没有一句像要用科学方法来解决社会问题者的口吻。最近情的要算张默君先生的“维持秩序应有姓”一句话。李石曾先生的口气很深沉，但并没有始终矢志于演化的观点，其余则自郐以下了。这一席议论，作社会改良家的参考，我看还不合格，乃“足供立法院的参考”，胡展堂先生真言重了。

二

上文写完之后，行将付刊，又得读二十一日立法院纪念周席上胡汉民先生关于本题的报告和他个人从立法的见地所发表一些议论。对于几位教育家的意见，前后两次报告，没有什么根本不同之点，我们在上文评论的各点也就无须修正。不过胡先生本人的话，宴会的时候并未发表，似乎很值得提出续加讨论。胡先生说：

> 法律对于社会上各种制度的取舍，从来只注重一个需要，社会需要的便保障，不需要的便取缔，将来不要而目前仍要的，便不能立刻取缔，只好慢慢地促进它。法律并不能创造什么，只能就已创造的去保障或取缔；所以我们不能太过责望立法的效能。它有时间和空间上的责任，不能只宜于甲地而不顾乙地，也不能只顾目前的妥当，而不顾将来的进化；它要具有充分的普遍性，又要合于进化律。无论宗族、家庭、结婚等问题的解决，都不能不顾及这些。
>
> 早婚迟婚问题，很难解决，因为照实际上看，乡村与

城市的情形太不一致，这是经济与生理的不同使之然。乡村中的经济，要求多人作工；有儿子的人，能娶个媳妇来帮忙做工，何等便宜？何必将媳妇久久搁在人家呢？城市中的经济，要求少人吃饭；没有相当力量的人，谁敢多养活一个老婆，并且还怕有子女之累呢？法律求周全于这两方面，只好折中规订，多具弹性，使得大多数的事实都得解决。以男女平等为原则，向人情与事实方面谋解决与推进：便是我们现在立婚姻法应取的主张。婚姻问题以外，姓的问题，与家庭的问题，其解决也当如此取义。固然内容都不是这样简单。但我们拿定主义，经过相当的调查研究，然后构成法案，总比把这种责任推到司法官临时审判的身上较为妥当。（四月二十六日，《时事新报》）

在这个报告里，胡先生很肯定的说，上次酒席上的讨论，除了吴老先生的，其余都不是笑话，都是正经话。

这一段很长的话，比几位教育家的信口开河，要高明得多了。负立法责任的人毕竟能够多根据一些人情、事实、与经验说话。胡先生的一番话，大体看去，谁都可以赞同，尤其是被我们用密圈圈出的几句。但是我们始终觉得诧异：教育家虽说未必懂得法律，但是当着负责立法的人前面说话，在立法人员征求他们高见的时候，似乎至少应体谅一些立法的困难，说一些比较脚踏实地的话；就是不讲立法，讲教育，难道教育事业，也是拿漆黑一团的理想做根据的么？

但是对于几位教育家的和胡先生的议论，我们还有一点总括的批评。这个批评，并且可以适用于其他切心于社会改革的人。

这个批评是他们演化观念的陈腐。这可以分做两部分讲：一是把社会演化当作一种完全自动的过程，似乎是完全超出人力范围以外；人类自觉的努力，至多只能督促这种过程过得快些，可以早早达到一个理想的境界。这个理想的境界又从何而来的呢？说也奇怪，就是督促的人自己所假设，而又不认其为假设的。近来怀抱着这种观念的人绝多，不要说我们半路出家的中国学者，就是西洋学者，不要说教育家，就是历史学家，不要说骨董的史学家，就是新史学家，例如，鲁滨孙（J. H. Robinson）教授——也在所不免。鲁滨孙教授讲到社会的变迁，说它后面有一个“进步的活原则”（The Vital Principle of Betterment）在那里活动。这原则二字本来是我们胡乱翻译的，应当翻做“元质”或是“灵能”（字典上确有此翻法），要说得更有声有色些，所谓“活原则”者实在是一种“活鬼”“活怪”在那里摆布，不论人们的旨趣如何，努力如何，也只得由他摆布。希腊人、罗马人、以前的中国人相信一个（希腊人的实在是三个）运命鬼（Fate），基督教统治下的欧洲人相信一个“上天保佑，往无不利”的鬼，叫做 Providence，十八世纪后半以后的欧洲人美洲人，和今日的中国人却相信了一个进步的鬼！孔德假设思想三期，事实上我们至今还没有摆脱第二期，甚至第一期还拖泥带水似的存在；一般的人不去说他，就是思想的领袖、学问的班头，又何尝摆脱了呢？也许孔氏的三期说，自己就是进步鬼统治下的产物，根本就是进步鬼的幌子的一个，无怪其再也不会有完全应验的一日了！

这一次关于姓、婚姻、家庭的存废问题的讨论里，大家口口声声讲“进”、“进而到”、“促进”、“推进”、“进化”、“进化律”。读者要是仔细玩味起来，他们所谓的“进”就是欧洲十八世纪后半和十九世纪前半一班社会理想家所谓“进步”的“进”；所谓“进化”也就等于“进步”，和十九世纪后半——达尔文以后——的“演化”是很不相干的。就是李石曾先生的话又何尝是完全演化的呢？他说：“社会上的结婚，已由繁重的仪式到了简单的仪式，将来进而至于没有仪式，是可能的；家庭已由大家庭到了小家庭，将来进而至于无家庭，也是可能的”*；这是明明白白的一种进步的议论，而非演化的议论，是一种progress的议论，而不是evolution的议论。胡展堂先生在蔡先生的议论后面说，“……不过这是将来的事，不是目前的事”：试问胡先生怎样知道废姓、废婚姻、废家庭的举动，是将来意计中的事。要是不迷信进步，像古德温、刚道塞一班人一样，怎会把将来看得如许清楚？

我们在上面说那几位教育家的演化观的陈腐有二方面。现在接着上文的语气，就可以讨论这第二方面了。他们的演化观不但就是十八世纪下半和十九世纪上半的进步，并且是十九世

* 此段中引文均见1930年4月26日《时事新报》。——编者注

纪下半所流行的一种“定向演化观”，也叫做“独系演化观”。他们拾了古德温与刚道塞的牙慧，不够，还要捡起斯宾塞尔与摩尔更（Lewis H. Morgan）的唾余。斯宾塞尔、海格尔一班生物哲学家都以为人自猿猴演化的过程，是可以用一根直线来代表的，这根直线又好比一条链条，每一个铁圈代表一个演化的时期；他们满以为古人类学一天比一天进步，一个一个的圈子就可以将次发现，到他们理想中的链条完成为止。但是他们错了。演进的手续决不是这样单纯，这样的随心所欲。后来新的圈子果然逐渐出土，但是拼拼凑凑，并不成为一条前后一贯的链子，却像代表着好几条链子，每条还有些枝节呢。摩尔更讲社会演化，犯了同样的毛病，他在《古代社会》里提出了“进步七时期”，从三个野蛮时期，经过三个半开化时期，到最后的文明期，每期有每期的特点；说得非常简括。但是人事的变迁似乎比生物的演化还要复杂些，五十年来民族学和人类学的发见，和他这种单纯的独系演化观发生冲突的，正不知有多少。摩尔更也讨论到过家庭生活的演化，他认为有八个直系的时期：一是乱交期，二是兄妹婚期，三是群婚期，四是夏威夷式期，五是马来式期，六是部落组织期，七是中国印度式期，八是一夫一妻制期。也无非是根据独系演化观的一种称心如意的结论。

七八年前，有一位易家钺先生著了一本书，叫做《西洋家族制度研究》。他在开宗明义第一章里，就画上一个图，图里有五个大小不同的圈子，大圈子套在小圈子外面，每个圈子就像斯宾塞尔们所想象的铁链上的圈子一样，代表家族演化的一个时期；自外至内读起来是：

种族→氏族→大家族→小家族→个人

人家一望而知这位易先生是私淑了摩尔更氏的门墙的；不但私淑而已，并且青出于蓝，于一夫一妻的小家族之外，又新添上一个“个人”的阶段。如今几位教育家眼光里的婚姻与家庭演化，恰恰和这位易先生的没有分别。李石曾先生：

（婚姻）……“繁重的仪式”→“简单的仪式”→“没有仪式”

（家庭）……“大家庭”→“小家庭”→“无家庭”

蒋梦麟先生：

（姓）现在要，五十年后不要

（婚姻）现在要，五十年后不要

（家庭）现在要，五十年后不要

这便是几位教育家的独系社会演化观。摩尔更的学说是在一千八百七十余年间初次发表的，去今正好五十年；所以我们要请教蒋先生：他既对于未来五十年后的姓、婚姻、家庭看得如此清楚，为何对于已往五十年前的学说的错误，他却没有看清楚；对于目前社会学家认为依然很有价值的社会制度（姓、婚姻、家庭）他认为可以不要，而对于目前社会学家认为须根本修正的社会学说（独系的社会演化观）他却又有很深刻的信仰呢？

我们还要问问李先生。“小家庭”进化的结果，怎么就会变做“无家庭”呢？脊椎动物的生产率：鱼类平均每尾产几十万卵，两栖类平均年产四五百卵，爬虫类二十卵不足，鸟类五卵有余，普通的哺乳类每雌年育三四头，高等些的哺乳动物一头半不足，猿类和人每两年生产不上一个；上等人比下等人要生得少，以前还有人说文明人比野蛮人要生得少。由此推之，岂不是人类若再演进，势必至于达到一个“不生产”的时期么？从多生产到少生产到不生产，岂不是和从大家庭到小家庭到无家庭一样的自然么？

说到这里，一定有人要说这个比论不对。为了种族的绵延着想，不生产就要灭种，所以种族演化的最后结果，生产虽少，总有一个限度，决不让它再少。这话不错；但是为了社会的秩序与治安着想，安知要是完全没有了家庭，这种秩序与治安就要无法维持呢？安知社会演化的结果，家庭虽小，也总有一个限度，人们要顾全相当的治安与秩序，就不会让它再小下去呢？

据我们所知，在西方各大国里，上等人比下等人生产越来越少的结果，虽没有引起种族绵延的一般问题，但是种族品质的维持问题，却很早就发生了。在同一的这几个国家里，尤其是美国，小家庭与无家庭倾向的发达，直接间接不知引起了多少社会问题，教育不能解决，法律无从措手，宗教更是无能为力，到了今日竟有不少的社会学家主张把家庭的基本地位，重新恢复过来；最近甚嚣尘上的伴侣婚姻制，便是想把婚姻与家庭重新安放的一种很有力而未必有效的主张。

现在我们可以把两种谬误的演化观合并了再说一说。社会演化不是一派超乎人的势力，社会演化，和自然演化一样，也不是直系或独系的。因为把演化提出到人力范围之外，所以才觉得他一往直前，毫无周折顾忌，好比山水下注，一直冲去，无巡回顾盼的余地；所以这两个谬误的演化观原是一个的两方面。

但是我们以为社会演化，除了物质的环境的命定力以外，其余原是人自己的力量。因为人的力量用到了物质环境身上，才有了社会生活；又因为人们努力的时候，多少有一些目标，才于平铺直叙的生活之中，得了一些进境。即使说文化有自然的累积性，累积量越大，累积率也越快，所以看去真有些像斯宾塞尔所谓“超越有机”的倾向；但文化毕竟是人造的，一种文化产生之后，总得有相当的智慧程度才能维持下去，否则也是徒然的。如今家庭与婚姻的进化，也无非是人的智慧和自然的势力推挽而成，已往既经如此，未来大概也是如此。照了文化自然的累积性推去，或顺了所谓“潮流”的走去，也许会有无婚姻无家庭的一天，但是从人们自觉的、有目标的努力方面看去，这种无婚姻无家庭的状况究竟要得要不得，却是另外一个问题。理论上，从种族、社会、与文化的需要方面看去，或实际上，从西洋各国已经得到的经验看去，似乎是婚姻与家庭的社会制度，它们的枝节纵可以增损，而基础的结构是不可少的。所以韦思特马克述人类的婚姻史，始终以为一夫一妻的长久结合是一向婚姻经验里最牢不可破的部分，也是人们努力向前的目标之一。许多社会学家（我说社会学家，不说社会主义家）论家庭进化，也始终以为父母子女的团结关系，是一向聚族而居的经验里最牢不可破的中坚，也就是今后社会生活里所不能不维持的骨干。比较寻根究底的社会思想家，例如英国人文主义者歇雷，并且倡为家庭主义之说，以补救个人主义的不足，而芟除社会主义的过度。家庭向为社会的中心和重心，歇氏这种主张，无非要把它这种中心和重心的地位特别提出来，要在个人主义与社会主义猖狂的时代中，挽回一些造化罢了。

（此篇原稿见《新月》第二卷第十一期）

九

妇女解放新论

——介绍英人蒲士氏的学说（一九三一）

我久矣感觉到女权运动或女子解放运动是没有下文的，要有，也是思想复杂、章法凌乱的一篇东西。但事到今日，此种运动已是欲罢不能，即下文已是不能不做，难道就任其盲目的前进、胡乱的写去，丝毫不加以理智的裁制与指导么？不。不。我四年前在我那本急就章的《中国之家庭问题》*里曾经说过：

> 妇女运动之大目的曰：求性的公道。今于宜于室家生活之女子，惑之使独身，使营经济独立，使为过当之生育限制；使其个人之能力不克与社会种族之需要相须相成：是得谓之公道乎？妇女问题固属近代社会问题之一，我辈无不承认之；然本为少数人之问题，即若干母性不足而才智有余之女子之问题，今经女权运动者之播弄，竟一变

* 见《潘光旦文集》第一卷。——编者注

> 而为大多数女子之问题：是甚非有志于社会改革者之本意也。最初之妇女问题为如何安插此少数母性特薄而才力特厚之女子；今日之妇女问题为如何使大多数妇女恢复其适当之家庭生活。

换言之，妇女运动既不能无下文，而下文既不能像以前一般的无条理，无目的，则惟有改变思路，别求发挥的途径。

那时候是一九二七年，我对于欧美——尤其是欧洲——妇女运动的新趋势并没有十分注意到，但私心自忖，“德不孤，必有邻”，这一种见解决不是很新奇的，西方学者，与女权运动的接触，比我要久，要直接，具此见解的一定大有人在。至一九二九年五月，乃得购读英人蒲士新著的这本《妇女解放新论》，细玩内容，触处都是“实获我心”之论。我若有此材料，有此笔墨，我的志愿之一也就是要写这样的一本书。

*　　*　　*　　*

蒲士这本书的内容，大致可以分为三大部分，第一部分论女权运动已成“推车撞壁”的形势，越求解放，越受梏桎，越求幸福，越得痛苦；不但女子自身没有得到真正的解放，社会生活全般，因为功能失其适当的分配与调节，已经有一步不可行的危险（书中第一至第四章）。第二部分首叙作者所谓的“有机的社会观”或“功能的社会观”。社会功能以自然功能为基础，其中最显而易见的当然是莫过于男女功能的斩然有别，所以接着就论男女平等观念的谬误与流毒，接着又论男女生理与心理的异点根柢如何深固，决非教育、环境、与极端的女权运动家的口号所可转变、呵逐、排遣（第五至第七章）。第三部分，即最后部分，始归到所谓“解放新论”的本题。妇女生活的中心场合，说来说去，还是家庭，妇女教育的出路，说来说去，还是不外做人之道，不但自己要怎样为人，并且怎样要为社会种族创造新人出来，好教我们今日所维持、建设、享受的种种，到后代不致无人维持，无人建设，无人享受。妇女生存的目的，充其极，还不是种族的绵延与发扬光大么？这便是新解放论的结论。读者如其接受第二部分的有机论与分功合作论，也就不能不接受这种比较不合时宜而合乎情理、合乎经验、合乎科学事实的见解。（第末章，又散见全书其他部分）

* * * *

蒲士在这本书里有不少的谠言宏论，发人之所未发，值得我们击节叹赏的，我现在要不惮琐碎的、不嫌重复的，把他们择尤引在下面。

他认为妇女运动已到了推车撞壁的地步，他用着一个很有趣的譬喻说：

妇女运动的发展，很显明的已经达到一个关口。已往，它所由存在的主要理由是因为它能够替许多女子开门，好教她们进入一向认为是男子工作的园地。这种司阍的责任，现在可以说是已经尽了。各门已经大开，并且已经发现大多数的屋子，一个发育寻常的女子进去之后，并不觉得特别的自在。不过，不管自在不自在，一个新式的女子现在总可任意踏进任何屋子，没有丝毫外界的拘束。不过司阍的责任既已完毕，妇女运动势不能不别定方针，别图发展，否则只好从此退休。（原书页二三）

蒲士以为历来的妇女解放运动，一面似乎解决了不少问题，一面也引起了不少的新的问题；一面似乎产生了一种新自由、新的独立精神，一面却也造就了一种新桎梏、新的依赖性。他说：

事实明明是如此：近代世界所了解的妇女解放，所答复的旧问题和引起的新问题，实在一样多。（原书页一五）

我顺便要提到近代女权运动者的一个很古怪的迷梦。什么呢？一个女子，自朝至暮，为了一个不相干的男子，在一间又热又闷的办公室里工作——据说是“自由”的。另外一个女子，为了自己工作，为了一个自己心爱、自己挑上的男子工作，工作时间又并没有多大限制——据说便是一个“奴隶”。痴人说梦，一至于此！（原书页二二）

近代的新女子不但并不能不扶自直，从心理方面看去，并且是恰恰相反。她依赖男子的程度，自昔已然，于今为烈。生活的男女两方面里，女性方面的受男性理想、观念、标准的包围征服，再也没有像今日的这般厉害的。（原书页二五）

解放运动的结果，不但没有解放女子，并且产生了许多痛苦，教女子来忍受。据说凡是男女同工的制度或场合之下，女子的疾病率要比男子为高，害病的要比男子多许多（原书页四七）。女权运动家提倡女子体育，认为可以间接提高下一代子女的健康，但是事实上不但没有提高下一代的健康（原书页四五），并且把产妇自己的健康相对的打了一个折扣。最近二十年间，各种疾病的死亡率大都有降低的趋势，唯独产母的死亡率，年去年来，依然如旧。这其间一部分的责任，不能不教但知提倡男子式的女子教育的人负去；女子运动便是这种教育的一部分。（原书页四五—四六）

解放运动的结果，不但妨害了女子的健康，并且把女子弄得不男不女，把社会生活也闹得不伦不类：

> 若有男子把持了某种职业，不许女子加入，例如牧师业，于是妇女运动者便根据了男女平权的理论，要求加入。驾驶汽车一向是男子的职业，但若有一个比较进取的女子学会了开汽车，居然也靠此吃起饭来，于是平权论者必欢呼相庆。诸如此类，不一而足。这种“女权运动”实在应当叫做“男化运动”，因为它的目的无非在模仿男子，男子做什么，她也要做什么。（原书页八一）
>
> 近来常有人说，女子的日子到了，女子恢复了她的本来面目了。是么？要是的话，当代的女子应该心满意足了，又何以事实恰恰与此相反？女子，尤其是年轻的女子，有

史以来，怕再没有像当代的这样不安定的了。这种不安的现象到处皆是，但是最厉害的恰好在男化运动最发达的国家里。这一层，在明白不安定与不知足的真正原因——而非女权运动家所称的原因——的人，自然并不以为奇怪。英美两国，是女权最发达的国家，也是这种不安定不知足的现象最显著的国家。为什么？英美的女子什么权利都有，单单没有“做女子”——即发展女子固有的特性——的权利！（原书页五五）

女子“解放”后的社会生活怎样？十二个字可以叙述干净，“男子无以为业，女子无以为家”。更可以缩成六个大字，“男无业，女无家”！蒲士说得好：

我们一定得还归那条永久的真理，就是男女是相须相成的敌体。阴阳双极性是宇宙的一条大原则；性的分别也无非是这条原则的表示；要是没有它，人类的文化怕就不会有和谐的发展了。把它取消了，不打紧，只怕文化要沦胥以尽！

近代的生活虽复杂，但是男女分工的局面，并不因此而必得变动；男的基本功能在产生食粮与财富，女的基本功能在产生子女。妇女主义者竭力想把这种分工的现象搅一个混乱。结果怎样？——百千万的男子没有工做，百千万的女子不生儿子！（原书页六六—六七）

*　　*　　*　　*

妇女解放运动的所以求仁失仁，原因在一般社会思想的不健全，与性观念的根本错误。不健全在那里？把所由造成社会的分子当做彼此同一价值，彼此可以分立，彼此可以自足，而不知事实上适得其反。蒲士的有机论或功能论便根本否认社会分子是同一价值的、可以分立而各个自足的（原书页七二—七五）。错误在那里？在根本否认男女两性的种种不同是天赋的、有作用的，并且在不自量力的想造成各种势力，来根本推翻这种种天赋的不同。两性平等和平权的口号便是这种势力的一种。蒲士有一段话，很能够总括一般功能论与男女分工论的两层意思。他说：

读者如其不期然而然的感觉到"母道"和任何种男子的职业有绝大的区别，未便相提并论，那末实际上就不啻承认了女子在社会里的地位是特殊的，决不能和男子的地位同样看待。他也不啻已经放弃了男女平权论的防线而加入了男女分工合作论的壁垒了。（原书页一三二）

从他的有机论里，蒲士又产生了两层见解，在我们中国人看来，是极对胃口的。第一是他的家庭单位论，第二是他的反权利论。关于第一点，他说：

实际上，个人自由的原则——妇女运动中最中心的观念——和一夫一妻的法定婚姻制度的根本冲突是显而易见的。自决的原则，要是真正的合乎逻辑的应用起来，势必至于把一向认为社会单位的家庭完全消灭。婚姻以合异的观念为基础。它责成两个人把唯我的意念消除了，好教一个更高一些的本体可以产生，这个本体便是家庭。但是这条自决的原则却根本否认在个人与自我意志之上还有什么更高的本体。这个个人与种族（由家庭代表着）的根本不相容，便是“妇女与社会”问题的中坚，也便是这本《解放新论》想提出解决的。（原书页一二五）

蒲士的反权利论，我还嫌他说得不透澈，不肯定。他只说得，“凡属两人相与，彼此真能谅解，真能尊重，他们就不会站在权利的立场上说话。”这当然是很对的，可惜说得太轻淡了些。其实权利观念不打破，功能观念即无由产生，因为权利发乎个人，而功能才顾到全体，其立脚点完全相反：在国家政治里如此，社会生活里如此，而家庭分子间的相与，与男女两性的关系上尤其如此。说到此处，我不能不联想到梁任公先生的一段名论，要比蒲士的深刻多了：

权利观念，可谓为欧美政治思想之唯一的原素。彼都所谓人权……所谓阶级斗争，种种活动，无一不导源于此。乃至社会组织中最简单最密切者，如父子夫妇相互之关系，皆以此观念行之。此种观念，入到吾侪中国人脑

中，直是无从理解。父子夫妇间，何故有彼我权利之可言，吾侪真不能领略此中妙谛。(《先秦政治思想史》，页一四四——一四五)

*　*　*　*

蒲士以为男女平权运动的结果，造成了一种女掌男权的局面、女子有特权的局面、女子有权利而无义务的局面。他关于这三点都有很长的讨论；关于第一点我们在上文已经引过他一段论“男化运动”的话。关于第二点，他说，凡属不是以前女子名分内做的事，她们都要根据了平等的理论，来抢来做。

但是一到了她们名分内能做的事，她们却大都不讲平等而讲特别待遇了。例如……(原书页八一——八二)

某评论家五年前曾经说过：“女子根据了自然‘平等’的理由，来握取政权，又根据了自然‘柔弱’的理由，来维持她历来所已得到的种种特权。”五年前的话现在都成为事实了。(原书页八三，注)

蒲士发现要是女权运动的政纲能彀一一实现，便可以使妻子有百权而无一责，丈夫有百责而无一权，他在原书一一二页上，还列了一张很有趣的比较表：

妻子的权利如下：赡养权。家庭以外工作权(即丈夫反对，亦在所不顾)。居住地点抉择权。邀请友人宴会权(请客费自然由丈夫负担)。生育节制权。家事交付仆妇权(仆妇薪工自然由丈夫担任)。身体“完全自主权”(近代妻子大约不再承认性的结合是婚姻契约的一部分)。再就一般言之，妻子应有完全的“个人自由权”。

男子权利如下：无。

事实上虽还未到此种地步，但是夫妻在法律上的不公允，妻子所受法律的保障远在丈夫以上，则至少在英美各国，已经成为事实。法学家蒙德摩伦西说：“已婚的女子是英国法律里溺爱的骄子”，便指此意。这一层，蒲士说，又岂是平权运动在理论上原有的期望？

* * * *

原来男女之间是不能讲平权或平等的，至少万不能像历来一班极端的妇运家那种讲法，既经讲了，结果自然是难免一种“乾纲废颓”与“坤纪荡弛”的局面。

男女的不平等，可以从三方面观察得来，一是从一般发育的快慢迟早，二是从体力智力性情等等的品性，三是从生殖的作用。对于这三方面蒲士都讨论到，但是在心理品性一层上，说得最是透澈。

蒲士对于男女发育不同的讨论，我还嫌其太少；他在《男与女》的一章里，似乎完全没有提到；他在第三章论当代女子教育的根本谬误时，曾经说过几句，并且引了不少的注解，以示不顾到发育不同，因而得到的害处；但是此外便没有了。关于这一点，我希望读者能参考霭理士前年订正的第二版的《男与女》（Havelock Ellis, *Man and Woman*），以补蒲士的不足。

关于男女智力与性情的不相同，蒲士的议论可以说是面面俱到，应有尽有。原文全书不过二百五十页，而专论心理品性的多至四十页，即五分之一不足，六分之一有余。虽没有霭理士《男与女》中间那般赡博，但读去要比霭理士那本书有趣。

蒲士接着从男女心理品性的不同，论到生殖作用的轻重悬殊。原来就是因为生殖作用轻重悬殊，才有今日心理品格的性质各异。他说，男女智力的不同是：

> 性的演进的过程里不可免除的一种现象。生人以来，世代嬗递，做女子的始终负着行经、分娩、哺乳的重大责任——结果，不但把她的行动束缚住了，并且把她所有的空闲时间都占了去；否则她也许可以有机会把抽象的思考能力发展一下，像男子一样。几千年以来，一个通常的女子没有不生育的，而子女的数目又总在四个以上。至于不生育的女子，她的理智生活的机会固然要好些，但是因为不生育，她的能力就传不下去。由此观之，一个通常产生子女的女子，在智力上，是多少受了遗传的限制的……（原书页一七六）

所以女子生殖责任的重大，不但影响了她的社会活动的范围，并且限制了她的遗传的能力。生殖责任既不能豁免，即此种影响与限制无法消除。即使普天下的女子，从今日起，情愿——并且假定她们也能够——完全放弃生育的任务，以与男子争一日之长，怕也是无济于事，何况，她们未必人人情愿，事实上也万不可能，至少在行经的日期里，她们是不便努力太甚的呢。这种责任的不平均，和因此不平均现象而引起的种种吃亏与便宜，英国另外有一位妇女解放新论家称它做“生殖上不平等的牺牲”，言其男的牺牲极少，而女的极多。蒲士这一番议论，大都采自这位作家，读者若要穷究此种议论的原委，最好是读这位作家的原书（A. M. Ludovici，*Man: An Indictment*）。

* * * *

蒲士这一段议论有一点美中不足，就是，他还不能忘情于“平等”这个名词。他认为要是男女能各就其本性发展，对于社会与种族前途，能彼此分工合作，那就不妨叫做平等，那才是真平等（原书页一四二）。对于这一点，我认为霭理士比他要进步了。霭理士在他第二版的《男与女》里就很不客气的把“平等”（equality）这个名词完全放弃，另外引进了一个“等值”（equivalence）的名词。但据我看来，这都是思想不能脱离前人窠臼的表示，蒲士不必说了，霭理士的新名词也足证他对于以前通用的旧名词未能完全忘情。其实二位作家所论的现象无非是人与人之间“公道”的一部分，就是性的公道。通常一个人的发育机会、作业、享用，若是可以和他的天赋的能力相副，不过度亦非不及：这种情形我们就叫做平等，其实这就是公道。如今因性别而男女彼此的发育机会、作业、与享用，也各与其天赋的能力相副，无有余不足之病，岂不是就是性的公道么？二百年来，社会生活中抽象与空洞的名词的毒也不算不厉害了，也该有机会稍稍休息了吧？（详见上文《平等驳议》）

* * * *

蒲士的结论，不用多说，是很简单的。他并不主张今后不要妇女运动，妇女运动到今日已是欲罢不能。已前的妇女运动已经在几个先进的国家里帮同造成了“男无业，女无家”的局面；如今要改造这种局面，解铃须是系铃人，这责任自然还得在妇女运动身上。

不过，今后的新妇女运动、新解放运动，真要发生实效，须得注意三大要点：

第一要认清科学的事实；

第二要转换价值的观念；

第三要改变运动的目标。

科学的事实是：男女的品性是有天赋的不同的。品性既有不同，功用岂能一致？不能一致而强之，才有今日种种纷乱的局面。如今要拨乱反治，非先重新认清所谓“性的两极性”和它的涵义不可。

以前的极端的妇女运动家以为创造文化和产生财富的事业是高一等的，而创造家庭和产生子女是低一等的。其比较不极端的，虽不致鄙弃家庭与子女，至少也把它们当作一种无可奈何的责任。殊不知创造家庭、产生子女，即所以创造文化、产生财富；手续虽较间接，责任尤为基本。若以男子为创造文化、产生财富的人，那末，女子便是创造创造文化的人的人、产生产生财富的人的人，岂不是更少不得撇不开么？可是要教女子们了解这一层很简单的道理，非先更换她们的价值观念不可。至于男子们，对于这一层道理，尤其不能不有深切的体会。若是他们早就能体会到此，他们就决不会鄙视女子和历来女子的事业，而所谓女权运动者也就不必发生，即使发生，至今也早上了正轨了。

以前妇女运动的目标是个人的解放与舒展，今后妇女运动的目标是社会与种族的治安与演进。生物演化的大原则，发现了已久，久已成为通人常识的一部分，也久已在动植物界应用而得有惊人的效果；但是对于人生至今尚未发生何种实际的影响。妇女运动确乎是一种强大的社会势力，用得其当，可以促进人类的演进，不当，可以制人类的死命。这决不是一句耸人听闻的话。一个“男无业，女无家”的社会里，个人生存既已不能有充分的保障，试问尚有几分余地，可以教人做生育的事，尤其是教健全优秀的分子做生育的事。健全分子而不生育或少生育，人类纵不至于一朝覆灭，虽生亦等于死耳。已往的妇女运动，便不为社会与种族——尤其是不为种族——通盘筹算，我们因此可以不客气的说它是反演进的。如今要幡然变计，作演进的功臣，而非其掣肘者，惟有放弃以前极端的个人独立自由的旧目标，而代以社会与种族的安全与繁荣的新目标；所谓种族者，也无非是未来的社会而已。

蒲士对于新解放的“事实基础”、“价值观念”、与“进行鹄的”三点是认识得异常清楚的。关于各点的议论散见全书中，但关于第一点的集中在书的中部，关于第二点的集中在书的前部，尤其是第三章，关于第三点的自然是在最后的一章里，就中约有五分之一是专谈“种族问题”的。

* * * *

蒲士（Meyrick Booth）是英国人，生于一八八三年。初习科学于里兹大学（Leeds），后留学德、奥、瑞士，入耶纳（Jena）等大学，专攻哲学及心理学，为倭铿（Eucken）、理普曼（Liebmann）、与弗厄士德（Foerster）的入室弟子。关于倭铿，他曾经翻译过他两种最长的著作；自己也著书一种，叫做《倭铿的哲学与影响》。弗厄士德《婚姻与性的问题》一书的英译本，也是他的贡献。欧战期内，蒲士加入了朋友宗的赤十字会工作，服务了三年。战后尝漫游德、奥、意、瑞士诸国，探讨社会状况，其论文散见各国诸大杂志中。这本关于《妇女解放新论》的书也是他战后三四年间观察探讨的成绩，恐怕要算他一生的大手笔之一了。

（此篇原稿见《优生》月刊第一卷第三期，
亦即刘译《妇女解放新论》序文）

十

民族元气篇

（一九三一）

一　论元气之一般斫丧

好比一个病人，中华民族已经到了医生所谓打大针的地步。三四十年来，强心针打了不知多少次，但是总不见起色，最多不过是暂时的兴奋罢了。现在要看这一针大针究竟有几分效力。要没有的话，中国是老实不客气的完了。

这一段话不止是一个譬喻、一个比论。社会学家喜欢利用生物学家发见的许多名目，高谈其社会病理学。这里却不这样。这里说民族有病，是真的有病，不是比方。一个人可以体虚气弱，可以神智昏迷，难道许多人，许多在同一民族里的人，就不能同时病么？强心针与大针确是譬喻，那是联想到了孟子“无敌国外患者，国恒亡；生于忧患，死于安乐”那段话而说的。外患来了，可以看病人之中究竟有几个比较不病的，比较健旺的，比较神志清明的；要有的话，他们自然会出来，是内心按捺不住，外力压迫不住的；所谓“时势造英雄”的说法便是。至于病了的人，到此也不能不稍事挣扎，也可以看他们挣扎到什么程度，因而诊断他们的病究竟到了什么程度，已经入了膏肓没有。

这几天的情形并不见好。第一种的人，体血健旺，神智清明，对于当前的危局有应付的决心和应付的能力的人，到如今还未见出头露面，大概是实在没有的缘故。几年来的党治，网罗人才，不算不力，但他们到此也是一筹莫展；不说应付的能力如何，连同应付的决心，似乎还有问题。国难发生了快两个月了，各派别之间依然是若接若离，大讲其和平统一的条件。对内的团结，尚且没有决心，可以迁延到半月以上，还讲什么同仇敌忾、一致对外呢？民族是真病了，出不出半个有力量的领袖来！

大多数的人本来是病了的。他们这几天也勉强挣扎了。他们呐喊，摩拳擦掌，在榻上乱翻身，但总因气血亏损，最多不过可以有应付的表示；至于应付的工作，他们是不行的，因为工作是长时期的，须要有坚持的能力。这一点现在还不能十分断定，因为尚在热烈的进行中。但就已往的经验而论，一次强心针只能引起五分钟的兴奋，这次的希望怕不会十分大。且等着看吧。

民族是病了，民族的竞存力日就衰弱。在太平的时候，还勉强可以做一些事，到了乱世，简直是没有办法，宋朝末年如此，明朝末年如此，现在似乎又到了一个同样的时期了。老辈明白历史的说，现在的局面和明末的局面简直是没有分别，外无良将，内无良相，不但没有，并且是党派分歧，不衷一是；即有少数有御侮的决心与能力的人，也不能有所施展，甚而至于因为倾轧嫉妒反被糟蹋了的。我们平心静气听去，不能不承认这种比论是对的，并且还可以进一步的说，现下的局面还比不上明末的局面。第一，目下有御侮的决心的人固然不会没有，但是有能力的人却还没有应运产生。熊廷弼、孙承宗、袁崇焕，这一类的人就找不到一个。第二，明末的人能力虽薄弱，却并不贪生恶死，殉难死节的官民以千百计；虽不能直接的杀敌致果，至少间接有不少的激励的影响。现在呢？妥协成为原则，倒戈变做风气。从人才方面看，既多既不能令又不受命之人，从生活方面看，又成既不能生又不能死之局：民族到此，元气盖已斫丧殆尽，名虽未已，与亡何别？

“哀莫大于心死，而身死次之”，不错。请把这两句话推广了说，“哀莫大于亡种，而亡国次之”。民族亡就等于种亡，没有多大分别。印度是亡国了的，但是他的民族未亡。他在重重压迫之下，还产生了一个甘地，一个太谷尔，和不少第一流的艺术家和科学家，赚得世人的尊崇与倾倒。犹太是亡国了的，但是他的人才，层出不穷，至今还握着思想界与金融界的一大部分的牛耳。印度国与犹太国是没有了，但是印度民族与犹太民族却始终健在；并且只要它们保持元气，能继续不断的有人才产生，为民族争光，为人类造福，国家的主权是早晚可以恢复的。近代的中华民族却可怜了，它的情形恰恰和犹太印度相反，面子上总算维持着一个独立的国家，实际上却是遍体疮痍，气息仅属。我们要是一旦亡国，那是真亡了，前途没有恢复的指望。犹太国亡了二千年，但是犹太民族并没有变做历史上的陈迹。万一我们要亡的话，我们连这一点都够不上，因为犹太的亡，大半亡于外来的压力，我们的亡，亡于元气的丧尽！

但是说也奇怪，今日的大病，却并不在病的本身，不在元气的丧尽，而在身当其境的人不知道自己病了，不承认元气所剩无几，还在那里任情的斫丧。那才是一件可以痛哭流涕的事！

何以知道身当其境的人不自知其病？我们刚才已经说过了，这个病不是譬喻，是真病，是生理上先天缺陷后天失调而产生的状态。这一层，十个中国人里至少有九个不知道，给他们讲了他们也不承认；他们最多不过承认是后天失调，没有吃相当的补药罢了。什么生计不充裕呀、教育不普及呀、政治不清明呀……他们以为都是后天失调在种种方面的表示。这都不错，这种种都得设法改良，但是我们以为在着手改良以前，先得了解民族的健全程度究竟如何，然后才可以对症发药，不落虚空。乱吃补药是没有用处的。补了没有用，再怪医生不好，药力不到，更是无裨实际，徒见其眼光的浅薄罢了。在后天失调的诊断案里，更有人完全把病因推在外国人身上的。外国人的势力确乎很凶，虚弱的民族像中国有些承当不起，像这一番的辽吉事件，更其是突如其来，足以制人死命。但是要晓得平时但怪别国的侵略而不问自己民族的实力，就等于一个病人不问自己的体气荏弱，力谋内力的充实，而但怪细菌的袭击，呵斥咒诅，以为借此即可排遣，其眼光之浅薄，尤在刚才说的那种人之上。这两种人到今日还不明白若是一个人体气充实，第一便无须特殊的调养，第二更不怕细菌的侵击，不但不怕，并且往往可以磨炼一种抵抗力出来；个人如此，民族是许多血统大同小异的个人的集合，自然也无不如此了。这又是推论，不是比论。

何以知道元气虽所剩无几，我们还正在任情斫丧？中华民族在这个新旧中西交替的当儿最须要的是两种人才，一是有组织能力的领袖人才，一是有发明能力的科学人才：前一种可以叫政治、经济、社会生活上轨道；第二种可以提高文化的水平线，以与欧美各先进国齐驱并驾。但是维新以来的经验告诉我们，我们目下所欠缺的恰好就是这两种人才，并且偶有第二流第三流的这种人才出来，又往往被外来的势力包围埋没了。二十年来，政治没有脱离过统于一尊的旧说，更没有放弃过党同伐异的恶习，在实际的政治组织如此，在思想上也是如此。试问这种情形之下，有一些领袖能力而思想比较不落窠臼的人会有多少为自己图发展为民族谋幸福的机会，要是没有，或者有而不能尽其才力，他们的受埋没是迟早的事，无可避免的。这便是一种斫丧的行为！二三十年来的教育，拾了外国人的唾余，大讲其学制，大讲其中心思想，大讲其升学的资格，愈讲得多，费用愈大，穷而有志的青年愈得不到读书的机会，也就愈得不到为国家社会努力的机会。以前的科举制度虽大不孚人望，但在当时，至少有一部分的寒士还可以稍露头角；如今他们唯一的权利是受淘汰。他们无力受大学教育，不挣扎，自然是无声无臭的埋没了，挣扎加入了不合时宜的党派，结果他无非是一个牺牲！这又是一种自己斫丧的行为！元气既亏，斫丧又大，这样的一个民族不亡，真是徼天之幸了。

上文这两种斫丧，读者要万千注意，不是暂时的而是万劫不复的。人才是有先天的根据的；一个有才具的青年，若是没有发展的机会，因而受淘汰，那就算是完了，没有第二个人可以出来替代。我们不能说这个人固然可惜，但我们不妨随意找一个别人，给他充分的机会，教发展到第一个青年可以发展到的地步，因为不是个个青年可以造就的。要是青年们都是一样的品质，都可以造就，那末，局部的损失，我们也不必叫它做斫丧了。

所以一面我观察民族的先天虚弱，一面也承认它后天失调。但是这种失调和上文说的有些不同。我们二三十年来在政治上、教育上、经济上，不算不努力，但是因为不问民族的本质，有许多失之操切的地方和因操切而产生的错误，结果，不但不能唤出人才，培植人才，反而埋没了不少的人才的原料，使元气越来越亏损。一言以蔽之，二三十年来的革新运动对于人才确乎有一种消极的淘汰的作用。

元气的亏损，不是一朝一夕所可恢复的。但至少我们应当了解，民族犹之个人，是可以病的，中华民族确乎是一个病态的民族；至少我们也应该设法，使现存的元气，不致再往下消沉。调养固然要紧，杀菌也固然要紧，尤其是在这个当儿，但是明白自己的体气，似乎更是一个先决的问题。世间无金刚不坏之身，个人如此，全部民族也是如此。中华民族，据一部分的人类学者的见解，是世界各民族中比较最后演化的一个，论理在体力智力上也应当是最进步的；在历史里确也有过几度的发扬光大；但何以到了今日，外御之来，竟不能多所激发；人家处心积虑的谋我，我却一筹莫展的待毙；这究竟是为了什么？

这是一段无上的反求诸己的机会，无上的为自己诊断处方的机会。

（此篇原稿见《时代评论》第一卷第一期）

二　鲍蒂思教授的华人智力观

我们在上半篇里提出了一个难得有人问的问题：中华民族的元气还剩多少？

答复是：元气所剩无几。这样一个答复的根据是很浅薄的，事前没有统计，没有测验，只有一般的观察。到底对不对，还得凭民族生物学者的从长探讨。

美国有一位心理学者，叫做鲍蒂思（S. D. Porteus），一向在檀香山大学里担任教授，中间曾经回到过美国，去代替低能问题专家高达德（H. H. Goddard），做伐恩兰低能教养院的研究主任。一九二四年三月，他在《应用心理学杂志》里发表了一篇文字，专论年龄、性别、种族三者和性情与智力的关系，中间有一大部分讲到中国人，并且处处和日本人相提并论。他的结论是中国人的智力很不高明，比不上大部分的西洋人，并且也比不上日本人。不管他这种结论对不对，我们既然论到元气问题，似乎应该参考到他，尤其是因为他是一个科学家，是很有地位的。至于他的测验方法究属有多少可靠性，他所测验的中国人是否足以代表中国整个的民族，那自然也是值得推敲的问题，但这是要请教国内的心理学者的；我在此但负介绍的责任。

现在我把他那篇文字摘要译在下面，但文中有几张图表，恕不能一一译出转载。

我在檀香山大学担任了两年病态心理学的教席。在这两年里，我前后量过约莫五千个头颅，东洋西洋人都有。我曾经预备过一张图，从这图里可以看出，六岁的日本儿童和同年的盎格罗-撒克逊儿童几乎有同等的脑量发展程度，六岁以后，一直到十六岁，两种人的脑量发展，虽稍有上下，但是很并行的。十六岁以上的，我来不及量，就离开檀香山了。但就它种观察所及，十四五岁以上，白种人的发展有加快的倾向，从此两条线就不大并行了。这也许因为日本人比较矮小的缘故；十四五岁以后，身材既不大长高，脑量也就不大长大了。但若这个解释是确的，那末，中国人的不如日本人是很显而易见的。中国儿童，不论任何年龄，都比不上日本儿童。这却不能归之于身材的不同了，因为中国儿童不但不比日本儿童矮，反而要高大。这种平均脑量发展的分别，我不能不认为是很重要的。我并且相信它可以帮同解释，为什么日本成为列强之一，而中国的国际地位反而不如日本。就种族的本质而论，日本人要比中国人聪明，不但男的如此，女的也是如此。(图中有四条线是关于中日民族的，两男，两女，其高下次序为日男、中男、日女、中女。)

现在我们进而论智力的高下。脑量是结构，智力是作用，两者不能无连带关系……，讲起学习的能力来，中国儿童比日本儿童强些；但讲起适应生命的种种境遇的能力来……，中国儿童实在不如日本儿童。

智力的定义不一，以前很普通的一个是："对于新境遇的一般的适应力，叫做智力"；我现在提一个比较简单但是比较更达意的："日进有功的适应力"或"进步的适应力"……

记住了这个新定义，我们可以进而比较各种族的近代的成绩的多寡大小，和智力的高下。例如中国人，他们是有过一段很伟大的历史的。他们对于世界文化，也有过好几桩重要的贡献。火药，印刷术，都算是他们的发明。但是他们的适应能力并不见得日进有功。很多年以前，他们的文化发展就到达了高原，以后就在平线上走动，再也不向上了。印刷术也许是他们最初发明和利用的，但是因为他们的文字异常重笨，发明之后，对于平民们也没有多大利益。种族全般的文化进步，大部分原在教天才们的成绩可以公诸平民的同好，使他们都能享受。可惜中国人似乎做不到这一点。但是西洋人的智力，取得了印刷术之后，不但不放松，并且继续改进，使合于自己的用途。所以我们要寻优越的脑量的优越的作用，不宜仅仅求之于学习的能力。我们一定得承认所谓进步的适应力不仅仅是学习的能力，而是许多心理品性之和，勇敢呀、毅力呀、耐性呀、决心呀、远见呀、计划的能力呀，和实行计划的随机应变呀，统统在内。有这种种品性的人，其成功的程度，一定要远在没有这种品性的人之上。个人如此，种族也是如此。

因为要测验这种品性，我在十年前（一九一四）便编制了一种迷宫式的测验法……；我在檀香山的两年里，就用它和别种方法来测验过一千多儿童，也是东西洋的都有。讲起学习的能力，我发见葡萄牙人、中国人、日本人之间，没有多大分别。我用的是比纳西蒙的测验法，这个测验法是最宜乎测验学习能力的……

但是这一类的测验是很片面的，他对于一个人的适应能力、日进有功的适应能力，似乎测不到或测到得很有限……

换了迷宫式一类的测验之后，各种族的分别就比较显著了。用比纳西蒙的测验法测验的结果，日本男童的智力较中国男童的稍低，但用了迷宫测验法的结果，恰恰相反，不但相反，并且日本的男童要高许多，从十岁以后，每一岁都比中国男童强；在十岁以前，日本男童并且超过了美国的男童。日本的女童，虽在日本男童之下，却在中国女童之上。……

摘译的文字完了。鲍蒂思教授到底对不对，我们不得而知。在没有人做第二次并且规模更大的研究之前，我们自然不便完全接受他的结论。但即就现在而论，我们也没有法子来否认它。

但目前的问题不在承认或否认他的结论。他的结论既碰巧（也许不是碰巧）和我们元气不足的议论相合，自不妨引来供我们参考。目前的问题，我在上文就说了，我们要认清我们民族的问题恐怕不止是浮面的、皮肤上的，而是深入了腠理的。鲍蒂思教授一类的研究，至少可以教我们知道，这种忧惧不是杞人的忧惧，也不是疑神疑鬼的忧惧；也教我们知道，在发为此种忧惧的议论的人，也并不是故作惊人之论，以称快于一时。

我们的大忌，不在病，而在讳疾忌医，在不肯受诊断；不在不如人，而在不自知其不如人。假若真不如人，而能有自知之明，虽一时赶不上人，不能和人相竞，至少自己的病态不至再加深。医生们有一句话：病人能自知其病之底蕴，则其治疗之功已半成。可见不但不加深，且有轻减的希望。但若实不如人，而故作不在人后，在在和人在浮面的生活上勉强竞争，结果效力未睹，一种自馁的心理，一种“inferiority complex”，就在潜意识里暗中滋长，可以引起别的变态来，充其极，可以使可治者成为不治。

鲍教授这一篇研究，也许不能增加我们对于自己病态的认识，但至少能彀警策我们，教我们知道：时至今日，再不想认识，再不想自知底蕴，便要噬脐莫及了！

（此篇原稿见《时代评论》第一卷第二期）

十一

人文选择与中华民族

——两个制度的讨论（一九三〇）

一

生物演化的原则包含三大方面，也可以说是三大步骤：一是变异，二是遗传，三是选择。变异是生物所由进展的因子——是一个进取的因子。遗传是进展后所以维持进展的程度或状态，使不致倒退或消失的因子——是一个保守的因子。选择是在进取与保守之中，加以甄别去取的因子；演化的过程所以可以称为演进的过程，是全靠这个选择的因子。

这都是常识，理论上就是不学生物学的人也都明白，也都承认。但是讲起实际的应用来，一般人却以为他只适用于人类以下的动物；到了人类，智慧产生了文化，文化有积聚性，有无限的模范与熏陶的力量，甚至可以转移人性；所以生物演化的原则就不再适用了。这一篇讨论的立脚点恰恰和此相反，认为文化的力量虽大，他不能阻挡选择的行施，也的确没有阻挡过选择的行施；他至多可以转移选择的方向，变更选择的品类，但是对于选择的原则，始终未曾改动得分毫。

二

究竟什么叫做选择？生物个体们因为遗传与际遇的不同，配偶行为的发生有有无迟早的分别，生产后辈的行为有有无、迟早、多少的分别，死亡的行为也有迟早的分别。这三种不同的行为，在人类方面，我们有比较简括的三个名词来代表，叫做，轩轾的婚姻率、轩轾的生产率、轩轾的死亡率。轩轾的现象，就是淘汰和选择的结果。同一地段里，同一时期里，人物的各种流品，在数量的分配上，因为淘汰和选择，便有显著的不同。

上文是解释选择二字。

选择有两种，一是自然选择或自然淘汰。一是在普通动植物方面，人工选择或人为选择，在人类方面，可以叫做社会选择，或文化选择，我今称之为人文选择。人类自有文化以来，受了自然选择以外，还要受文化势力的支配。一时代有一时代的文化，在一时代之内，往往有某派文化势力特别占优势，顺之者生，逆之者亡。例如汉朝以后的中国人，凡是比较能彀在孔门或儒家的学说和制度以内讨生活的，生存的机会总要大些，配偶的机会也要早些，生儿育女的机会也要多些。这层至今还没有人切实研究过，但是正统者和异端者不能共戴一天，至少不能戴得相等，是中外古今的通例，可以无疑的。但是说也奇怪，若是我们能看得远些，讲起死亡来，不限于一时代内的个人，而推及他们绵延到几代或几十代的血统，我们就往往发见顺之者亡、逆之者生的现象。例如中古时代以至今日基督教统治下的欧洲人。旧教把凡是性情温良、比较能彀损己利人的分子一批一批的吸收去当神父、尼姑、和尚；他们是照规矩不能结婚的，所以日子一多，教会越发达，社会上温良恭让的分子便越少；到得今日，只落了一句优生学家不胜感慨系之的话："The Church has brutalized the breed of our forefathers"（"教会把我们祖宗的血统畜化了"），这不是顺应一种文化势力的反亡，而违反的反而生了么？我们总觉得奇怪，欧洲人自己也觉得奇怪，为什么基督垂教二千年，人们的社会行为，不但不见进步，反见退步，历届的战争、帝国侵略主义的膨胀、劳资和其它阶级间的攘夺嫉妒，无非是损人利己违反教义的行为；我们又安知这些不是基督教自身的选择作用所帮同酿成的呢？

基督教的人文选择作用正合着一句俗语："扳了石头压自己的脚。"有这种选择作用的文化势力，在近代正多着咧，例如都市运动、妇女运动、高等教育运动。

以上解释人文选择四个字。

三

我在别处（《中国评论周报》，第一卷，第三期）讨论"中华民族的竞存力”* 的时候，认为中华民族在自然选择和文化选择两方面多少吃过一些亏，在自然选择一方面吃的亏特别的大。关于这一点，耶鲁大学讲师亨丁顿氏在他的《种族的品性》里有过很长的讨论；我在前年已经把亨氏的议论翻译出来（《自然淘汰与中华民族性》**）。据亨氏的观察，中华民族在这方面所以吃大亏，是因为荒年太多，而荒年之多又因为中国北方和西北方的特殊的气候风土情形。气候风土的学问，我不熟悉，不敢多所推测；即使熟悉了，要想加以纠正，我恐大部分也不在人力范围以内。例如造林一端，似乎直接可以减少水旱之灾，间接可以减少荒年，但是西北部沙漠化的倾向决非人力所可阻止，既不可阻止，造林即使成功，也是很有限的；或者天定胜人，勉强造成了，也是要毁的。这一方面万一有多大补救的方法，我希望有机会可以向气象学地质学专家讨教。本文范围，不得已，只得限于人文选择的一方面了。

但是我们讨论的范围，还可以缩小一下。刚才讲选择作用，不是有个人的存亡、两性的配偶、子息的产生三方面么？关于个人的生死一端，文化的势力实际上没有多大力量，一个比较有志气有能力的人，普通的文化环境未必能永久压住他，教他起不来，即使把他压住了，只要他有机会结婚生子，他的志力还可以传给下代，到了那时候，文化的压力也许就不能继续维

* 见“An Anthropological View on China's Troubles”, *The China Critic* ,Vol.1, No.3, June 14, 1928. ——编者注

** 见《潘光旦文集》第三卷，《民族特性与民族卫生》。——编者注

持，终于要给他——他的血统——一个扬眉吐气的日子。例如以前科举制度盛行的时候，祖或父终身不第，到了儿子或孙子手里，便大大“出秀”的。反过来，却往往有一己的生活极端成功，但是因为一时代的风尚，至于独身，或成婚而不留子息的，例如近代欧美的许多学者。可见文化势力，影响及个人存亡者小，而影响及婚姻生殖者大。且死亡一端，到了有文化的人类，几乎成为自然选择所由行施的唯一途径。医学卫生虽然发达，还未脱离中国人所称“药医不死病，死病无药医”的一句旧话，也可见是不受多大文化势力的左右的。但是一个人究竟成婚不成婚，早婚还是迟婚，生子不生子，多生还是少生，却很受文化势力的支配，尤其是在今日。所以我们讲到文化势力的选择作用，就不妨以婚姻与生产二方面为限。

这样一来，我们要讨论的问题就变做：

> 如何利用已然的现存的文化势力，和如何产生新的文化势力，使中华民族里比较优秀的分子可以取得婚姻生产的保障，取得婚姻率生产率的提高？

所谓已然的势力、现存的势力、和新的势力是很难划分的；所谓利用和所谓产生也不是两个完全分得开的手续；所以我们不妨把这问题另外陈述一下：

> 如何变通现存的种种文化势力，使中华民族中比较优

秀的分子可以取得婚姻与生产的保障或两者的效率的提高？

四

讲种族改良的人并没有什么迷梦，他一端咬定生物演化的几条原则，一端要利用一个社会里已经长了根的若干文化势力，来实现这几条原则，实现的结果，便是种族的改进，便是种族竞存力的提高。英国学者戈尔登是这派学问的鼻祖，他在三十年前（一九〇一）就做了一篇文章，叫做《法律和舆情现状下改良人种的可能》(The Possible Improvement of the Human Breed under Existing Conditions of Law and Sentiment)。戈尔登那时说的是欧美的法律和舆情状态；我们要顾虑到的是中国的法律和舆情，约言之，即是文化的背景。至于咬定生物演化的原则，那是彼此一样的。

我以前讨论“竞存力”的时候，说过中国民族虽然吃了不少的自然选择的亏，但居然还敷衍到今日，没有步希腊、罗马、犹太、印度的后尘，似乎是因为有两派文化势力在暗中呵护。这两派势力始终并不十分大，但足够维持我们种族的生命，教他轻易不至夭折；别的古代民族，因为完全缺少这两种势力，或有其一而无其二，连维持都不能够；今日思之，我们有了它们，虽不足以自豪，至少也可以自慰的。俗语说：留得青山在，不怕没柴烧，先要有了生存，然后可以说繁荣。这两派文化势力至少教我们生存到了如今；如今要继续生存，要繁荣，却要看以后的努力如何了，本文所讨论的，也不过此点。

五

这两派文化势力是什么？第一便是家庭单位主义和家族制度。近人攻击家族制度的种种理由，我大都承认，但是它也有一点好处，这点好处便是二三千年来民族的命脉所系，他们却没有看到。要是没有家族制度，这班人所诅咒的坏处当然不会有，因为民族自身也许早就解体了。过渡时代往往是一个反抗旧制度旧文物的时期，也往往是进取心迷蒙了理解力的时期，家族制度的全部要受诋毁原是意计中事。但是外国学者隔江观火，往往看得很清楚，有两位优生学家说（Popenoe and Johnson，*Applied Eugenics*）：

> A deep desire for that "terrestrial immortality" involved in posterity should be fostered. The doctrine of the continuity of germplasm might play a large part in religion. It should at least be brought home to everyone at some point in his education.Man should have a much stronger feeling of identity with his forbears and his progeny. Is it not a loss to Christians that they have so much less of this feeling than the Chinese?

（他们应当培植一种深刻的愿望，就是，把子女看作一种“地上的永生”观念所由寄托的东西。精质不灭和绵续不断的学说不妨在宗教信仰里占一大部分的势力，至少也应当在任何人的教育的过程里，迟早要让他明白了解这一点。人类对于祖先与后辈一种同气连枝的感情，应当多多的加深。基督教徒在这方面的感情远不及中国人，岂不是一种损失么？）

这里从优生学的眼光所提出的中国家族制度里比较最可以称道的一点恰恰是国内改造家攻击最着力的一点。“不孝有三，无后为大”八个字，不幸和孝字混在一起，当初在废孝运动的当儿，自然格外的听了触耳。但是它的精意和必然的效果也无非是刚才那位美国学者所暗示的“一脉相传，绵续不断”罢了。那位学者对于中国文化并没有比这一点更深切的领会，要是他有，并且听见过像“承先启后”、“继往开来”、“光前裕后”、“源远流长”、“根深叶茂”一类在西洋文字里绝对寻不出的成语，他一定可以跳起来！因为它们便是中国人富有“the feeling of identity with his forbears and his progeny”的明白表示。

“不孝有三，无后为大”一类的教训至少已经给我们一个绵延种族生命的效用。我说至少，因为还不止这一点。能彀体会和实行这八字诫命的，甚而至于能够认识这八个字的，在当日教育不普及的中国，已经不能不算是比较中上的分子。在实际上我们也知道，以前上流社会的人虽未必比中下社会的人多生育，至少是生育得一样，决没有今日西洋头轻脚重，愈下流生产愈多的现象。这样说来，这诫命所维持的种族生命，不仅仅维持而已，多少还有一点推进之功。

不过我们始终不能不承认这种推进的功夫是有限的。为什么？家族制度的种种功用总结起来，不外两层，种族生命的维持而外，便是社会秩序的保障。这两层功用中，就在中国，社会的伦理的功用是明的、是自觉的，种族的生物的功用是暗的、是比较不自觉的。所以中国家族制度的尊祖、敬宗、收族三大效用里，收族始终最占优越的地位，周代始亲同姓，孔子"讥世卿而重同姓"，便是偏重家族制度的社会效用和伦理效用的重要表示。到了今日，宗法解体已久，敬宗久已不成问题，挽近因祭祀迹近迷信，尊祖的效用亦渐消失，但是同族的诛求无厌，依然是内地社会中显著的事实。

假定以一"十"字代表家族的组织，横线代表同时存在的族人，纵线的上半代表已亡或未亡的祖宗，下半代表已生或未生的子孙。我们历来的自觉的努力，就大半用在横线上，现代改革家所攻击的种种，十九是在横线上用力太过的许多弊病。

至于纵线上呢？我们的努力，虽比其他民族为多，用现在的眼光看来，我还嫌其不够。不但不够，并且嫌其用得轻重失当。纵线不是有上下二半么？但是我们的努力却十分之七八是用在上半："尊祖"便是完全偏在上半的，"敬宗"为社会性的行为，但尊祖故敬宗，也只照顾到纵线的上半。至于下半呢？有后主义似乎是偏重下半了，但是因为怕不孝，才想有后，不是为有后而有后，实际上还是偏重了上半。"继往开来"、"承先启后”一类的话实在并没有完全做到，“继”和“承”的功夫做得太多，“启”和“开”的功夫做得不足。纵线上的功夫，中国人最大的成绩还是在“慎终追远”一端。

根据上文的议论，我以为我们从种族改良的观点，宜乎提出两层变通的办法。为要革除因偏重横线而产生的种种弊病，同时又好教大部分的精神灌输到纵线上去，我在二年前提出了所谓折中的家庭制度（拙著《中国之家庭问题》*）。就是，横面看来，家庭的单位是愈小愈相宜，一家只宜有一房，其他房分，依次成立，便依次分出去，自成单位；但是纵面看来，每家所能笼罩的代数却是愈多愈好，活的普通总有祖孙父子三代，至于死的近的仍宜岁时纪念，略远的至少载在谱牒，也可以存纪念的微意。一家后成数房的，纪念和记载可以分别履行外，存活的老辈可以分期轮流侍养。一切务使血脉相承的观感始终可以激发而不消失。

这是关于折中家庭制的实际的组织。关于此制的理论方面，我很采取英国人文主义者歇雷的说数。歇雷从种族改进的观点看去，认为个人主义和社会主义各走极端，对于个人和社会双方都能顾到的一种人生哲学应当以家庭为中心或本位，即家庭主义。歇氏自己说（F. C. S. Schiller, *Eugenics and Politics*）：

We might ask them (the politicians) to contemplate a

* 见《潘光旦文集》第一卷。——编者注

fundamental fact of social life, which Western civilization has never properly appreciated, and is now in danger of forgetting altogether. It is simply this, that THE BIOLOGICAL UNIT OF HUMAN LIFE IS NEITHER THE INDIVIDUAL NOR THE STATE BUT THE FAMILY.

It follows that the first condition of social prosperity is an organization which is biologically sound, and that Individualism and Socialism are both profoundly wrong, and dangerous to human survival, if they cannot satisfy this first condition.

（我们不妨请他们〔政治家〕把社会生活的很基本的一件事实，揣摩一下。这一件事实，西洋文化向来就没有明白领会过，如今并且有完全忘却的危险。这事实很简单的是：人类生活的生物的单位既不是个人，亦不是国家，而是家庭。

由此可知社会繁荣的第一个条件是组织方面要健全，从生物学的眼光看要健全。个人主义和社会主义，假若不能满足这第一个条件，便是根本上有错误，并且将危害到人类的生存。）

社会主义和个人主义都不相宜，因为都走极端。可以“执两而用中”的是家庭主义。旧式的大家庭制不相宜，西洋式的小家庭制也不相宜，因为各趋向极端：大家庭像一个小社会，是一个实行国家社会主义的小小模范区域；小家庭则又偏向个人主义方面，是近代个人主义发达后的产物。唯有折中制，在社会效用方面可以救大家庭之“失”，而在种族效用方面，却可以保留大家庭的“得”；其与小家庭的比较，则所补救与保留，恰好与此相反。

第二种变通的办法是于“慎终追远”的观念以外，别倡一“敬始怀来”的观念，好教凡是成家的人少向已往看，多向未来看，少向祖宗看，多向子孙看。纵线上的前瞻和后顾，论理是应当相等的，但是因为以前太向已往的看了，今日似宜矫枉过正一些，要多多的向未来看。方才引过的两位美国的优生学者，对于这一点，也有几句关心的话：

> It may be urged in opposition that such conceptions (the feeling of identity with one's forbears and one's progeny and the like) are dangerously static and have thereby harmed China. But that can be avoided by shifting the balance a little from the progenitors to the posterity.
>
> （也许有人要反对说，这一类血脉相绳的观念是很保守的，并且保守到一个很危险的地步，所以中国就吃亏了。但这是可以补救的，就是把重心稍稍从祖先的一端移到子孙的一端。）

那位英国的人文思想家也说：

There are at present in existence two great social schemes which have shown great vitality and power of endurance, and attained a high degree of civilization .... I refer, of course, to China and Japan. Both these states have in our day undergone enormous revolutions and are still confronted with stupendous problems in adjusting their economic and moral order to the new situations created for them by the contact of an aggressive civilization which was technically their superior. It seems probable enough that their intelligence and statesmanship will succeed in assimilating the technical methods and material and military advantages of Western science, but no one as yet can hazard a guess as to what will be the spiritual effects of Europeanization on the fabric of their beliefs and institutions. But if these can be adjusted to the new knowledge, if science can be absorbed without destroying the moral unity of the family, if the ancestor-worship of the animist can be developed into the descendant-worship of the eugenist, one can see no reason why there should not be prognosticated for both of them a rosier future and a more assured continuance than for our European societies ....

（当今存在着的有两大个社会组织，始终很有活力，很能维持不替，文化的发达，也已臻很高的境界。这两个组织自然是中国与日本。这两个国家近来刚经历过很大的变迁，并且正碰上许多困难的问题，亟切要求解决。它们要把它们的经济与伦理制度在新的环境中求位育，而此种环境又是和一个在技术上比较发达的和多少具有侵略性的文化接触后所产生的，所以许多问题就分外见得不容易解决了。它们的智力和经济长才大概不难吸收种种技术的方法以及西洋科学在物质与军事方面的种种便利，但是欧化对于它们的信仰和制度上将发生何种精神的影响，却谁都不敢任意猜测了。不过假若它们一面吸收科学，一面却能保全家庭的伦理的完整，假若精灵主义者的祖先的崇拜可以发展成为优生学者的子孙的怀柔，我们看不出什么理由为什么它们的前途不会比欧洲各民族的社会更来得有光彩，更可以维持久远。）

一个民族真能深体而力行“谨始怀来”的大道理，许多优生学的问题，自然迎刃而解。“敬始”，就是“谨婚姻之始”，就是注重婚姻选择，确定婚姻选择的标准。“怀来”，就是眷念着未来的子息，眷念云者，不只是指望他们来到，并且要在未来之先，给他们一个竞存的强有力的准备，就是给他们一个健全的遗传；要是不能给他们，就不必望他们来。因为要给子息们一个健全的起点，就更不能不注重姻选和姻选的标准。婚姻并不是个人的终身大事，乃是一血统一种族终天的大事，因为不慎选择于先，定要抱恨终天于后；一人娶妻出嫁，不只是娶一个单个的女子或嫁一个单个的丈夫，它实在同时把她的十七八代的祖宗都给娶上，或同时嫁给了他的十七八代的祖宗。领会得这种种见解，才能彀“谨始怀来”。

六

第二派文化势力，和中华民族二千年来的生命有密切关系的，便是选举制度。选举制度的基本原则既是：甄别与挑剔，他和人文选择自不能无正面的关系：这层道理即不必敷陈事实，也可以明白的。选举的选择，原以个人为单位的，但因为和家族制度同时存在，大家把婚姻生产的行为认作一种义务，所以经过选举制度甄拔的个人，在竞存力上，总要比未受甄拔的占些优势。魏晋六朝行九品官人之法，极重门地，选举必稽簿状，甄别的单位几乎变做家族而无复个人；所以那时候选举制度的甄别作用和他的人文选择作用几乎混而为一。

选举制度和家族制度一样，也有二大效用，一是社会的或政治的，一是种族的或生物的。但前者是显明的、自觉的去寻找的，后者却是绝不明显；这也是和家族制度一样。选举制度为国家罗致可以作政治设施的人才，可以为乡邦表率的领袖；这种种效用是显而易见的。但是此种人才和领袖因而多得生存生殖的保障，因而得绵延其血统于不替，却并不显而易见。选举制施行后第一步的效果是定流品，流品越好，社会身份越高，婚姻选择的范围越狭，选择的标准越严；故家大族，流风余韵，因而可以历久不坠，民族有故家大族做领袖表率，也得以历久而不衰微灭亡。上文提到英人歇雷关于家族制度的话，现在在选举制度上，他也有几句鉴赏的评语。他推敲罗马之所以灭亡，认为最后的原因还是生物的，还是因为民族中比较卓越的血统得不到文化势力的保障的缘故。他把中国和罗马比较，普通认为罗马所由灭亡的种种文化势力，中国都有，但是中国始终未灭亡，所以然者，因为中国另外有一种文化势力为罗马所无，这派势力就是选举制度；他说：

For after all most of these causes of decay may be seen operating elsewhere, without leading to a complete collapse. In China, for example, they have merely produced a stationary civilization. Why should not Rome have remained stationary like China, which has always tamed and absorbed her barbarian conquerors? The only vital difference I can see in the two cases is that for 3,000 years China, irrespective of the quarrels of her dynasts, recruited her administrators by a competitive Civil Service Examination in the classics, and that this somehow picked out the best brains.

（因为这种种衰亡的原因毕竟并不限于罗马，我们在别处也可以看见它们活动。例如在中国，它们不过造成了一个富有保守性的文化。为什么罗马不能同样的保守到现在，同样的把外来的半开化的征服者给驯服了、吸收了呢？我以为二者之间，唯一的极关重要的不同之点就在：中国三千年来，朝代纵有兴亡，而用经术考试来选择文官的方法，则始终未变，而这种方法说不定把人口中最有智力的人挑选了出来。)（按：歇雷于中国历史，未必熟悉，故所说与事实略有出入，竞试的办法，始于隋代，至唐而后通行，以前则只有乡国领袖比较主观的选择罢了。)

这又是过渡时期中当局者溷旁观者清的一个例子。歇雷认为中国民族历来所由保世滋大的唯一制度，也就是三十年前一班讲维新的学者们攻击得最厉害的一种制度，也就是梁任公先生以居然能够打倒引以自豪的一种制度。在这一点上，选举制度末流的遭遇和家族制度末流的遭遇又是大致一样。

选举制度究竟有过多大的种族效用，尚待切实研究，不过我们不妨截取历史的一段，比较的仔细端详一下，看能不能得到一些比上文所说更实在一些的论证。我觉得是可以的。魏晋六朝行九品官人之法，分别流品最严，那时候在社会交际上，也就最讲门地主义；婚姻是交际上最重要的一部分，自然更受门地主义的支配。那时候的婚姻缔结，只限于几乎指头上数得清的几家；大族若王、谢、卫、羊、庾、郄、温、桓……转辗为婚，或相互为婚，在血统上成为一个大组合。隋唐改变选举的方法，流品之分，虽不像以前严密，但两晋六朝门地主义的风气，依然很强烈；李慎因爵位不及族望，虽以清望历要官，和人家通信，只叙“陇西”而不叙官衔。李是当时四大姓之一，其余三大姓是崔、卢、郑，称做四门鼎甲。但当时还有太原王氏，是两晋六朝传下来的旧家，资格较四姓还要老，于是四姓为婚，争向王氏；李肇说：“太原王氏，四姓得之为美，故呼为钑镂王家”，钑镂二字，指金质而银饰的贵重物品。当时世家大族之受重视，于此可见一斑了。

当时这种姻选的风气，弊病虽多，但因为多少不能没有客观的标准，结果也颇有值得欣赏的。我在此举两种成绩，认为和选举制度所造成的门地婚姻有密切的因果关系。一是魏、晋、六朝、三唐时代书法的深造，尤以两晋时代为登峰造极，而在当时最足以代表的自然要推王卫二族的人物。王氏自王旷至王淳之，前后出书法大家九人，王羲之七个儿子，出名的六个，卫氏自卫觊至卫夫人的儿子李充，前后也出了八九人。何以在书法发达的时期中，这二姓特别的发达呢？《书史会要》上说：“王与卫世为中表，故〔王旷〕得蔡邕书法于卫夫人，以授羲之。”普通看了这种记载，只了解王卫二氏书法在表面上的师承关系，而不知师承之下，固别有生物的根据在，这个根据便是书法天才，再加上好几代近亲结婚的功夫，教这种天才越来越卓越，越来越浓厚。简而言之，魏、晋、六朝、三唐书法的发达，是因缘于门地主义的婚姻；两晋比较的更发达，是因为门地讲得更严格；王卫二氏的特殊发达，是因为门地的讲究而外，再加上好几代的血缘结婚。门地婚姻通行既久，自然而然变为血缘婚姻，这是一定的趋势。当时这一类血缘婚姻一定很多；当谱牒一派学问最发达的时候，有所谓“中表之簿”的，也许就因为作缔结这一类婚姻时有所参考，才发生的，至少因为这一类事实很多，不能不于普通婚姻之外，加以记载。

九品官人法造成的门地婚姻再有一种贡献，就是人的品貌长得整齐。这一层不比书法，记载当然更要缺乏。但零星的文字上的证据还不算少。《晋书》里讲到男子人品整齐至少有下列几个人：裴楷、陆云、潘岳、王恭、卫玠、王衍、石苞、嵇康、王戎、王蒙、韩寿、桓温；六朝各朝正史里也有类似的记载。其余各朝正史列传中，讲到品貌美丽的绝少，《唐书》称“美姿仪”的似乎只有二人：崔湜与卢承庆；但是这二人居然都出在上文所称四门鼎甲之中，就是出在最讲门地婚姻的人家，也是很有趣的一点。这一类记载的多，既推《晋书》第一，则推论起来，各时代品貌整齐的男子的多，大概也要推晋朝第一了。并且当时爱美的风气，似乎也比别的时代为发达，潘岳则“掷果盈车”；卫玠则“观者如堵”，玠二十七岁死的时候，时人说他是“被人看杀”的；王蒙的“破帽”，居然有许多女子要抢；读史到此，好像读了希腊神话；两性间彼此爱美的神情，竟可以这样的自由表露，真可叫绝！并且当时有种种形容姿容美丽的名词或短句，后世大都未能继续通用：王恭“濯濯若春日柳”，王戎“烂烂如岩下电”；当时又喜欢把“玉”做譬喻，“璧人”、“连璧”、“玉山行”、“蓝田美玉”、“玉山将颓”、“瑶林琼树”之类，真是不一而足；又喜欢用神仙做譬喻，王恭、王衍、杜洪理、盖道、陶洪业，都有过神仙的雅号。这种种都是在别的时代里不多见的。为什么？因为在别的时代里，比较的不讲求婚姻选择，至少选择的标准中，不注重品貌的端正。晋武帝为太子纳卫瓘女，他的理由是卫女有五“可”：一是种品贤良，二是多子善育，三是品貌端正，四是身材修长，五是肤色洁白。(《晋书·惠贾皇后传》说：“初武帝欲为太子取卫瓘女，元后纳贾、郭亲党之说，欲婚贾氏。帝曰，卫公女有五可，贾公女有五不可。卫家种贤而多子，美而长白，贾家种妒而少子，丑而短黑。”）婚姻能讲选择，能讲得怎样亲切客观，合乎生物学的原则，今日讲优生婚姻的人所见到的亦不能外是！

上节中的卫瓘不是别人，就是上文所引卫觊的儿子，也是卫夫人与卫玠的祖父，无一不是书法大家。这样说来，门地婚姻的两种贡献，书法与品貌的健美，不都萃于一门了么？其实当时的大族都有类似的表现，不止卫氏一家而已。

此外别有一点可以附带提及，就是两晋六朝的人雅擅谈吐，正史上有记载的至少有卫玠、王衍、王俭、李绘、元善等几个人。两晋清谈之风盛行，自然也有他生物的根据。

统观两晋六朝的人物，确有其特异之处，而其所以特异的原因，我以为直接是门地婚姻而间接是九品官人法所养成的流品观念。隋唐而下，因为选举制度始终维持，所以这种风气也始终存在，但都没有隋唐以前的强烈。近代此风最盛的要推苏州一隅，和他的邻近州县。苏州是近代科举最出人才的地方，讲起品貌来，也是最出秀的地方，也是谈吐比较最蕴藉流利的地方，这三端同时存在，居然和上文讲的两晋时代一样，当然也不是偶然的符合。

不过二千多年的选举制度，总算起来，也只给了我们一个只够维持的文化，谈不上多少发扬光大。为什么？这又好像家族制度一样，也因为有两个很大的毛病。第一是政治作用太大，第二是选择的标准太狭太少。

分别流品，是选举制的社会的也是种族的效用；为政府得官员，是它的政治效用，除了两晋六朝行九品官人法外，其余如征辟科举等办法大都太偏重选择吏才方面；虽还不至于像近代的文官考试完全以挑选官员做目的，但当时已经有不少的弊病了。大家为了想做官，才加入考试或其他的挑选的手续，就是毛病；比较清高一些的人，也许就裹足不前，而应试中选的反为比较庸碌之辈。及既作官，因为种种原因，生活上亦未必得到圆满的保障。假设能多注重些流品的区分，叫入选者不论在何种业务里，即不一定作官，也可以得到社会的看重，即得占竞存的优势，人文选择的效果岂不是更可以收得圆满些么？

历代选择标准的狭窄是无须说得的。隋唐而上，比较广些，隋唐初用科举，唐用三科十九目，比较最广，例如明算一目，可以甄拔数学天才高的人出来。宋制已甚狭，熙宁贡举新法，几乎只考经义。元朝试《四书》，始以朱子章句集注为限，明以后用八股，方法上虽较以前略有客观标准，而范围始终为宋元之旧。试问在这种制度之下，人才的种类会不会多？有一些科学天才的人，在这种选择标准之下，有否出人头地的机会？我四年前曾经讨论到这一点：

> 科举制度为自来社会优秀分子自拔于社会之唯一阶梯，故其范围之广狭，方法之宽密，攸关社会选择问题者至重且大。如专以文辞取士，如隋大业时制，则专攻经义或他术者必在被摈之列；反之，如专尚经艺，如宋熙宁时制，则擅文学或他术者且不受人景仰；积久执社会之牛耳者，大多数将如出模铸，其思想相似，其观念相似，其行事操守莫不相似，而社会进步之机不绝如缕矣。不仅此也，思想操守不能完全离天禀而独立；富理想者宜理学，多情绪者宜词章，善逻辑者宜科学、宜考据；是则选举范围之广狭不仅影响一时代社会之流品，抑且波及种族之流品矣。其为祸为福，不更远大耶？（《留美学生季报》，第十一卷，第三号*）

科举制度取消已二十余年，孙中山先生的考试院的建议，似乎是预备把它在原则上恢复过来。不过最近南京考试院的工作完全是偏在文官的甄拔方面，绝对谈不上区分流品那一层精义。我们对它也就没有什么希望。

不过我们以后要从人文选择的路径，把中华民族的品性重新整顿起来，一种笼括的、科学的、严格的甄别流品的制度，和家庭制度一样，是绝对不可少的。

---

* 指《生物学观点下之孔门社会哲学》，见《潘光旦文集》第八卷。——编者注

七

选举制度与家族制度都发源于孔门的社会哲学。孔门社会哲学是一个承认并且看重差等现象的哲学，和近代人文生物学家有许多暗合的地方。因为注重差等，所以孔门社会哲学里，对于感情和理智的运用，有这样的一段话：

> 仁者人也，亲亲为大；义者宜也，尊贤为大。亲亲之杀，尊贤之等，礼所生也。

亲亲有杀，即是家族制度所由成立的中心理论；尊贤有等，即是选举制度所由成立的中心理论。关于这点，我以前曾经另外详细讨论到过(《留美学生季报》，见上)。现在要说的是：若要利用家庭与选举二种制度的人文选择的能力，我们对于孔门的社会哲学，似乎有再加以估定和变通的必要。

（此篇原稿见《新月》第三卷第二期）

附　录

“东省汉族殖民品质之研究”征求案

缘起

晚近日人扬言于世曰，三十年来，南满洲之进步，皆日本才力日本资财经营之结果。经营北满东省铁道之俄人，对于北满，亦未尝不作此种自文其侵略行为之论调。世人但见日俄经营之外观，而不察人文进步之底蕴，亦往往以为微日俄之力，东省至今日或犹为榛莽荒秽之域。彼走马看花之欧美观风家无论矣，而我国人士，亦竟不乏抱此种观感者，则甚可怪已。夷考其实，东省今日人文之猛进，就极保守之估量言之，由于邻邦之启发者固半，由于当地人民之奋发有为者亦半，讵可举其一而遗其二？东省一新兴之地域也；其富源未可限量，其人口则十九为能任重赴远道之殖民；以富于毅力勇于任事之殖民营未可限量之土地资源，则虽无邻国之通力合作，欲求其不进步，不可得也。

近世人口问题中最有趣味之一端为大规模之国际移民或国内殖民。而移民或殖民运动中最有趣味之一方面厥为移殖者之品质之优越。一地人口之中，非尽人可为移民或殖民也；必也特立独行之士，有进取骛远之心以唤起其移殖之志愿，有冒险耐劳之性以维持其移殖之经过，有聪明干练之才以开拓其移殖之环境；一而十，十而百，声应气求，浸假而移殖之运动以成。若此之运动，在西方则以英、荷氏族移殖新英兰为最著；至若新英兰殖民之转徙美国中部及太平洋沿岸诸州，及澳大利亚与新西兰之开拓，则至今尚不及百年耳。其在中华民族，则有东三省之拓殖。

论者往往以东三省之拓殖为近顷二三十年内事。此种见解之知一而不知二，正与以晚近东省之文物进步为尽出邻国领袖之力之见解相同。东省与南满铁道之兴筑为近年来殖民数激增之一大原因，固无得而否认之者；然设谓大规模之东省殖民运动乃滥觞于铁道之兴筑则大谬。试考之史实，此种运动实始自洪武初年（约公元一三七〇）定辽诸卫之设置；是其历史之资格盖远在西方移殖运动之上。自此五六十年间，陆续设置之卫所，多至三十余处，皆在辽河流域以内而历历可考者，其在吉黑两省而至今不易查考者犹数倍于此数。设每卫以五六〇〇户，每户以五人至六人计算，即得总人口百万有余；此百万者之后裔殆为今日东省之基本人口。迨后满族勃兴，汉人遭杀戮者有之，被迫入关者有之，然其籍没入官或编审为“汉军”者，为数必犹复可观。清制不许汉人出关，然自康熙初设令至光绪末撤令，二百余年间，干冒法纪陆续移徙者又奚止数百万人。且新旧殖民之间，其品质亦不无轩轾也。在昔交通阻梗，法令森严，其移徙也难，难则为之者之智力体力必特强而后可。今则水陆运输，朝发夕至，既无法网之阻拦，复有种种社会机关为之推挽，故移徙也易，易则几于尽人可以为之，而无须乎多量之体力与智力为之先容。是则铁道兴筑后东省殖民之品质，或较兴筑前之殖民品质稍逊一筹也。其以殖民之发展完全归功于铁道交通之便利者，亦可以稍休矣。

然此不过自因推果之议论耳。其究能成立与否，则胥视客观事实之充分与否为断。鄙人不敏，久有志于此种事实之搜辑而未得间，客夏因事有辽宁之行，并尝北至长春滨江，半月之间，所得印象，几无一与上文所云相刺谬者。近顷全国运动大会，东北健儿有惊人之成绩，而田径一项，于田径中之长短跑，尤为关内士女所望尘莫及，论者皆以此归功于训练之有素与教导之得宜，而不知其基本原因，或即在品质之优越也。鄙人持东省民品优越之说久矣，今兹运动大会之结果，乃适足为我说张军，私衷愉快，有不可以言语形容者。兴会所至，乃不自揣谫陋，草为征求案一纸，倩三省知好广为传播，至希接案者按题赐答，俾得加以归纳，而著为比较确切之结论；或于东省民族与文物前途，不无一得之助云尔。

一九三〇年元月潘光旦谨识

征求项目

一　关于应征人自身之事实

一、姓名与性别

二、籍贯　　　　____省____县

三、住址或通信处

四、职业

二　关于应征人家族之迁徙行为者

五、关内原籍　　____省____县

六、移徙年月　　最初移徙至东三省约在____代

（帝王年号）年间

（如能详填年月尤所欢迎：__年__月）

七、落迹地点　　今____省____县

八、移徙原因　当时系因下列原因或动机，始有移徙之举：

1.

2.

3.

九、移徙人数　　最初移徙者约有男____人、女____人

十、移徙路由（请就下列口岸或关隘之一加一 × 号或填明）：

海路
- 安东（　　）
- 旅人（　　）
- 营口（　　）
- 其他（　　）

陆路
- 山海关（　　）
- 喜峰口（　　）
- 古北口（　　）
- 柳条边之何一边门（　　）
- 其他（　　）

十一、应征人同族，如系陆续迁出，请自第二次起，就下列空格，逐一填明：

	年月	移往地	移徙原因	路由	人数	
第二次					男	
					女	
第三次					男	
					女	
第四次					男	
					女	
第五次					男	
					女	

十二、应征人家族移往东三省以来，在三省范围以内，族中支派有无迁徙及散布行为？若然，亦请照填于后：

原住地	支派	移往地	移徙动因	移徙年月	移徙人数
	甲支				
	乙支				
	丙支				
	丁支				
	戊支				

十三、应征人家族自移入东三省以来，在三省范围以内，支派中有无再三迁徙或改籍行为？若然，亦请照填于后：

支派	原住地	初次迁往地	二次迁往地	三次迁往地	四次迁往地
甲					
乙					
丙					
丁					
戊					

十四、应征人家族移入东三省以后，族中支派有无迁徙入关之行为？若然，亦请照填于后：

	关外原住地	关内移回地	移回原因	移回人数
甲支				
乙支				
丙支				

三　关于族人言行功绩者

十五、明清两代中，应征人族中曾应科举之试验而得有功名者约有

翰林与进士　（明）〇〇人；（清）〇〇人

举人与贡生　（明）〇〇人；（清）〇〇人

秀才　（明）〇〇人；（清）〇〇人

特科或其他　　（明）〇〇人；（清）〇〇人

（文武两种，如能分别注明，尤所欢迎）

十六、清代以前，族中人如曾有为文武大官者，请择尤照填于后：

第〇〇世　　〇〇公于〇〇朝官至〇〇〇〇〇

第〇〇世　　〇〇公于〇〇朝官至〇〇〇〇〇

第〇〇世　　〇〇公于〇〇朝官至〇〇〇〇〇

十七、民国以前，族中人于农、林、矿、商、工、交通诸方面，如有重要建树，请斟酌照填于后：

方面	事业	年代	人物（第几世某公）

十八、民国以前，族中人如有重要著述，请择尤照填于后：

著作名称	卷数	年代	著者（第几世某公）

四　关于满汉关系者

十九、应征人先辈曾为包衣旗人否？（　）若然，曾隶属何旗？（____旗）

二十、应征人先辈曾为汉军旗人否？（　）若然，曾隶属何旗？（____旗）

二十一、如系汉军旗人或包衣旗人，于清朝入关前后曾建有功绩否？若然，请择尤照填于下（如不止五人，请就征求案末尾空白上逐一叙明）：

第〇世〇〇公　　于〇〇朝官至〇〇〇〇
第〇世〇〇公　　于〇〇朝官至〇〇〇〇
第〇世〇〇公　　于〇〇朝官至〇〇〇〇
第〇世〇〇公　　于〇〇朝官至〇〇〇〇
第〇世〇〇公　　于〇〇朝官至〇〇〇〇

二十二、应征人族中历来与满洲土著曾有婚姻关系否？（　）若然，约共几起？（____起）

五　关于应征人家族现状者

二十三、应征人今日阖族人口约〇〇〇人

二十四、应征人阖族在东三省之分布如何？请照填于后：

省	县	人数（约）

二十五、应征人族中子弟服务社会以何界为最多？（____界）

六　关于应征人家族史料者

二十六、应征人家族，自最初迁出至今，已有〇〇〇世

二十七、应征人家族修有谱系否？（____）

二十八、家谱最近一次之修订约为何时？（___年___月）

二十九、应征人家族始迁出关时，或有墓志碑铭之类，记述长途跋涉草莱初辟时之艰难困苦情形，可否请抄示一二于后？